JN257575

あなたの脳のしつけ方

脳科学者
中野信子

青春出版社

はじめに

この本を手にとってくださってありがとうございます。本書のタイトルは、編集者さんにお願いして『「あなたの」脳のしつけ方』にしてもらいました。

ですが、この本は、著者であるわたし自身が、自分自身のありように苦しみながら、なんとか脳科学の知識を使って、自分の脳を「しつけ」てきた、その結晶ともいえる本です。だから、本当は、タイトルを『「中野の」脳のしつけ方』とするのが正しいのかもしれません。

でもちょっと自分の名前をタイトルに出すのは、どうにも気恥ずかしくてなりません。ただでさえ、もともと人見知りでコミュニケーションの下手なわたしが、なんとか必死で人々の世に適応しようとして、トレーニングの意味もかねてがんばって働いているところに、自分の名前がどーんと前面に出てしまう。これは、やはり心理的な負荷がやや高すぎるといえます。

そこで、編集者さんと相談して、『「あなたの」脳のしつけ方』としてもらったのでした。

いまから約８００年前の日本の宗教家に、面白いことをいっている人がいます。彼は「心の師とはなるとも心を師とせざれ」という言葉を信徒宛ての手紙に残しているのですが、８００年も昔の人が、脳の中身の構造がどうなっていて、どう機能しているのか、見たことがあるとはちょっと考えにくいですよね（脳に傷をつけずに、生きたままその機能や構造を見る方法は、20世紀になってようやく開発が進んだものです）。

でも、この言葉を書いた人は、２つの意思決定システムが人間にあることを想定していることがわかるでしょう。

それは、「心」と、「師」です。

現代の脳科学風に解釈すると、「大脳辺縁系《だいのうへんえんけい》を中心とした情動を司《つかさど》る部位の機能」と、「前頭前野《ぜんとうぜんや》を中心とした思考を司る部位の機能」といえるでしょうか。

子どものように鋭敏に、ときには逸脱気味に反応する、わがままな情動の部分を、大人の自分（前頭前野は大人になるまで成熟しません）がうまくコントロールする、というイメージが想像されます。

つまり、この宗教家は、「自分自身を上手にしつけなさい」ということを、この箇潔な一文のなかで、わかりやすく信徒に伝えているのです。そうすればより素晴らしい未来が開けるよ、と彼はいっているのです。800年も前の人が、すごい洞察力だと思いますが、本物の宗教家というのは、そういうものなのかもしれません。

誰でも脳をしつければ、自分の力をもっと引き出せる。

自分自身を上手にしつけることで、自分のありようを生かしながら、悠々と楽しい人生を送っていくことができる。

科学はちょっと後れをとってしまいましたが、ようやく人間そのものに光を当てて、人間が根源的に持たざるを得ない苦しみや悩みを、どうにか解決できるかもしれない、というところまでやってきました。

そのエッセンスを、800年前の宗教家にはとてもかなわないと思いつつも、できるだけ簡明に、わかりやすく、お伝えしようと心を砕きました。

多くの人に、楽しみながら読んでもらえたら、そして少しでもこの本がみなさんの生そのものに資することができたらいいな、と思っています。

中野信子

あなたの脳のしつけ方　もくじ

LESSON 1

集中力のしつけ方

LESSON 2

記憶力のしつけ方

LESSON 3

判断力のしつけ方

LESSON 4

モテ力のしつけ方

LESSON 5

アイデア力のしつけ方

LESSON 6

努力のしつけ方

LESSON 7

強運力のしつけ方

LESSON 8

愛情力のしつけ方

本書は、月刊『ＢＩＧ　ｔｏｍｏｒｒｏｗ』の連載
「脳科学者　中野信子の「脳につけるクスリ」」を基に加筆・再構成したものです。

編集協力　田嶋章博
ブックデザイン　小口翔平＋喜來詩織（ｔｏｂｕｆｕｎｅ）
撮影　石田健一
ＤＴＰ　センターメディア

LESSON

1

集中力のしつけ方

天才科学者から一流スポーツ選手、有名作家、そして生粋《きっすい》の趣味人まで。これらの人々には、ある共通した高い能力が備わっています。それが「集中力」。この章のテーマとなる能力です。

何かの分野で大きな成果を出した人は、集中力があることが前提条件であり、また、それをどこまで高められるかがものをいってくるのではないでしょうか。

わたしたちの多くがこう思います。自分もあんなふうに集中できたらな、と。ところが、**人間は脳の構造上、集中しにくい**ようになっています。だから、ただ「集中するぞ！」と思うだけでは、なかなか集中のスイッチは入りません。しかもやっかいなことに、集中しなければ、と思えば思うほど、かえって気が散るような仕組みになっている。

でも、そんな**脳の特性を知り、そこから割り出した、ちょっとしたコツを実行するだけで、誰でも集中のスイッチを入れられる**のです。

いったいどんな方法なのか、順を追って紹介していきましょう。

人はじつは集中しているときのほうが、キケン!?

仕事や勉強をするうえで、とにかく重要になってくるのが、「集中力」。1つの作業を同じ時間するにも、集中力があるのとないのとでは成果に大きな違いが出てきます。そして、いったん集中状態に入ってしまえば、たとえ大変な作業でも決して辛いとは感じず、むしろ熱中して楽しくさえ感じられるのですから不思議なものです。

とはいえ、なかなか集中状態に入れないこともありますよね。こなさなくてはならないタスクが目の前に山積みで、早くやらなければと焦れば焦るほど、かえって気が散って集中できなかったり……。

ところが、この〝**集中できない**〟**という状態は、じつは脳科学的には、いたって〝普通〟のこと**なのです。むしろ集中しているほうが〝危険〟な状態ともいえるのです。いったい、どういうことでしょうか。

なぜ、人は集中しにくいのか。それは、**生命を維持し、子孫を守るため**です。

たとえば、あなたがいまいる場所の近くで火事が起こったとしましょう。でも、あなたは目の前の作業に夢中になっていて、それに気づかない、作業をやめる気配がない……。これでは火事から逃げ遅れて最悪の場合、命を落としかねません。

もう1つ別の場面を考えてみましょう。隣の部屋で自分の子どもが泣いている。でも、あなたは作業に没頭していて一向にそれに気づかない……。これでは子どもの重大な異変にも気づくことができず、手遅れになってしまうかもしれません。

このように1つのことに集中しすぎてしまうと、生命や子孫を維持するうえで重大な危機にさらされてしまいかねません。だからこそ**脳はさまざまな異常を検知《けんち》すべく、1つのことに集中しにくいシステムになっている**のです。

〝異常の検知〟とは、脳が周囲の状態をつねに監視し続け、それまでとは違ったおかしなことを発見するシステムです。たとえば家にいるとき、それまでと同じ状態が続けばとくに何も検知しないけれど、どこからか焦げたような臭いがしてきたらすぐさま検知して、〝何かおかしいぞ！〟と警報を鳴《な》らす。

これを行っているのが、大脳の内側面にある「帯状回《たいじょうかい》」という部分です。ここで

〝矛盾の検出〟をし、脳にアテンション＝注意・注目をうながすのです。視覚や聴覚を通して得た情報に何か異常がないかをここで照らし合わせ、考える。そして異常が検出されたら、〝何か変だぞ⁉〟という情動を脳内に引き起こすのです。

つまり、**人間は注意散漫《さんまん》なほうがむしろ〝正しい状態〟**なのです。要はもともとが散漫になるようにできている。早くやらなければと焦れば焦るほど逆に集中できないのは、焦って緊張感が増すことで、より帯状回がまわりのものごとに過敏になってしまうからなのです。

とはいえ、そんな脳のあるべき状態を逸脱してでも集中しないと仕事が終わらない。ここぞという場面では集中したい。そんなときはどうすればいいのでしょう。

それには、集中を散らす原因である帯状回を刺激しない環境を人為的につくることが第一です。**〝警報装置〟を作動させる要因をできるだけ排除する**というわけです。

集中力を高めるには、脳を鍛えるのではなく、脳が散漫にならないような環境を整える。そんな発想が、集中力を手っ取り早く高めるためのコツとなってきます。

集中を乱す敵を、視界から排除しよう

では、帯状回を刺激する要因を取り除いて集中状態に入るには、具体的にどう環境を整えればいいのでしょうか？

なんといっても効果が大きいのが、インターネットを切ってしまうことです。

いまの時代、人間の集中力を妨げる大きな要因は、おそらくメールとSNSでしょう。パソコンのeメールやスマホのメール、そしてSNS経由のメッセージやコメント。これらにいちいち反応していたら、そのたびに集中力をそがれてしまいます。

SNSを〝見るだけ〟ならそれほど悪影響はないのでは？　と思われるかもしれませんが、ちょっと想像してみてください。作業に集中しているときに、ポンとSNSの新着情報が入ったので、少しだけSNSを見てみる。すると、それによって頭がSNSモードになってしまい、元の集中状態に戻るのに、結局30〜40分もかかってしまった……。そんなこともけっこう少なくないですよね。

とくにいまはSNSでもスマホアプリでも、何か新しいことが起こるたびに、ご丁寧に〝アラート〟で知らせてくれます。そもそも**アラートとは、「アラート＝警告」の意味の通り、人の注意を引くためにある**もの。いうなれば、人の気を散らすのが本分なのです。同様に、何か更新情報が入ったときに赤い数字で知らせてくれるパッチなども、できるかぎり人の目につきやすいデザインになっています。

本当に集中したいときは、思い切ってインターネットやeメールのブラウザを落としてしまいましょう。可能なら携帯電話の電源も切ってしまう。これだけで、集中を乱す原因のかなり多くをシャットアウトできます。

もし、携帯の電源を切るのが難しければ、留守電やマナーモードに設定し、集中したい作業のあいだは電話には出ないと決めてしまうのがいいでしょう。

また、メールのチェックは、ふだんから〝見るのは朝10時と夕方4時の1日2回〟などとマイルールを決め、それ以外の時間帯は見ないようにすると、作業効率がグンと上がること請け合いです。

人の注意を引くものはパソコンやスマホの画面上だけではなく、机の上にもあります。たとえば雑誌の表紙。これはそもそも人の気を引くようにデザインされていますから、視界にあるとつい目が行ってしまいます。だから集中したいときは雑誌は視界に入らない場所に移すか、せめて表紙を裏にして置きましょう。

同じように、机の上に食べ物や飲み物が置いてあれば、さっさと空けてしまうか、どこか目につかないところにしまう。写真立てがある場合は、写真の面を伏せるか引き出しにしまってしまいましょう。当然、テレビや音楽も集中の敵。できることなら消してしまいましょう。

いい〝集中空間〟を演出するには？

前述の通り、焦れば焦るほど脳の帯状回が緊張を増してまわりの状況に過敏になり、むしろ集中しにくい状態になってしまうということが人間にはよく起こります。ということは、**帯状回が緊張状態にならないようなリラックスできる快適な状況をつくってあげれば、自然と集中力が高められる**ということでもあります。

たとえば部屋の温度。これは暑すぎても寒すぎても集中を妨げる要因となるので、〝適温〟にすることが重要になってきます。とくに**暑いと感情の動きが暴力的な方向に向かいやすい**という社会学的な調査もあります。ですから、**集中したいときは、少し温度を低めに設定**してもいいかもしれません。

座りにくい椅子や窮屈《きゅうくつ》な衣服なども集中を乱す原因となりやすいので、長時間の作業には向きません。作業をする際は座りやすい椅子に負担のかからない姿勢で座り、できるだけ着慣れた服で作業するようにしたいものです。

また、〝香り〟も帯状回の緊張を和らげるのにひと役買ってくれます。作業の合間に少し香水を体に振りかけてみたり、ディフューザーでアロマオイルを部屋に充満させたりする。こうすることで、ほどよくリラックスした状態で作業に臨《のぞ》めます。

一説によると、集中力を高めるには柑橘系《かんきつけい》の香りがよいとされています。ですから、作業中にレモンティーやオレンジジュースを飲んでみるのもいいかもしれません。ただ香りの好みは人それぞれなので、まずは自分がもっともリラックスできる香りという基準で選ぶのがいいでしょう。

ちなみに匂いといえば、わたしは夫の匂いを嗅《か》ぐと不思議と眠くなってしまいます。なんか安心するんでしょうかね。だから集中して作業をしたいときは、彼の匂いをなるべく嗅がないよう心がけています（笑）。

また、音が聞こえないと作業に支障が出るという場合は、**音を遮断《しゃだん》するのではなく、なるべく〝刺激の少ない音を流す〟**という方法もあります。たとえば波の音や風の音といった〝環境音〟を流す。

人工的な音ではなく、古来、自然界にある音を流すことで、耳に余計なテンションがかからず、より集中した状態で作業できるはずです。実際に作業効率を上げるために、オフィスのダクトから環境音を流している会社もあるくらいです。

〝キリが悪い〟ところでやめる
——ツァイガルニク効果の応用

ここまでは集中状態に入りやすい環境をつくる方法をお伝えしてきました。でも、いざ集中状態に入れたとしても、その集中はいつかは切れるもの。そしてひとたび集中が切れると、再び集中状態に戻るのがとても難しかったりします。

たとえば、仕事の資料づくりに没頭し、キリのいいところまで終わったので、いったん休憩することに。ところが、お茶を飲んだり人と話したりSNSをチェックしているうちに、作業に戻るのがだんだんおっくうになってくる。

そろそろ作業を再開しなくちゃ。でも今日はけっこうがんばったから、もうちょっと休んでもいいか。そんなせめぎ合いを何ターンか繰り返した末になんとか同じ作業を再開したときは、休憩に入ってから相当な時間が経過していた。しかも、いざ再開したものの、どうにもやる気が乗ってこない……。

これと似たような経験は、誰にでもあるのではないでしょうか。キリのいいところで作業をやめたら、せっかくの集中もそこでプツンと切れてしまう。これを解消するには、いったいどうすればいいでしょうか。

答えは、**「作業をやめるときは、あえて〝キリの悪いところ〟でやめる」**ことです。いったいどういうことなのか、ご説明しましょう。

もう一度想像してみてください。あなたは大切な仕事の企画書をつくっているとします。複雑でボリュームも多いので、集中して作業をしているにもかかわらずなかなか終わりません。そこであなたはいったん休憩することにする。しかも、1枚目の終わりや項目の終わりといったキリのいいところではなく、思い切って〝文章の途中〟でやめてしまう。

すると、どうしたことでしょう。休憩しているあいだもその文章のことが完全には頭から離れず、「次はどんなふうに展開していこうかな……」と頭の片隅で無意識に考えてしまう。まさに**パソコンのスリープの状態**に近いかもしれません。**表面上は停止しているように見えつつも、バックグラウンドでは動いている状態**です。

いざ作業を再開すると、頭の片隅で気になっていただけに、ごく自然にまた作業に向かえるし、中断前の集中状態にもすんなり入れるというわけです。

このように、**やり切ったことよりも達成できていないことのほうが、より強い印象として残るという現象を、「ツァイガルニク効果」と呼びます**。そしてじつはこれ、集中力が高いといわれる人ほど実行していたりするんです。

スリープ状態をつくる
——バックグラウンドで脳を働かせる

以前、あるテレビ番組で、**受験に成功した高校生や大学生**を呼んで、彼らの勉強法を聞いてみたことがありました。すると多くの人が、**休憩したり寝るために勉強を離れるときは、キリの悪い中途半端なところでやめていた**のです。

問題集はキリのいいところまで解かないで、あえてハンパなところでやめる。たとえば大問を終えてからやめるのではなく、(1)〜(5)ある小問のうち(3)を解いている途中でやめてしまうという具合です。こうすることで、ごく自然にまた勉強を始められる。受験に成功した人の多くは、こうした工夫を日々繰り返していたのです。

また、キリの悪いところでやめることで、ほかのことをしているときでも頭が完全にオフではなくスリープの状態になることは先ほどご説明しましたが、意外と**スリープ状態のときにいいアイデアや答えが出てきたりする**ものです。たとえば仕事で行き詰まったら、そこでいったんトイレに行く。するとトイレに入っているあいだに「これだ！」という案が思い浮かんでくるというようなことです。

というわけで、みなさんも中断するときはぜひキリの悪いところでやめてみてはいかがでしょう。企画書は項目の途中でやめる。メールは1通を書いている途中でやめる。これを追究するなら、思い切って文章をやめるときは「。」ではなく「、」のところでやめてしまったり、数学の図形の問題なら補助線を引いたところでやめてしまうのもいいかもしれませんね（笑）。

いずれにせよ、この〝キリの悪いところでやめる〟というのは、本当に学校で教えるべきなんじゃないかと思うくらい、効果的な方法だとわたしは思います。

ところで、そもそも休憩というのはどれくらいの頻度《ひんど》で入れるべきなのでしょうか？　30分おき？　1時間おき？　それとも3時間おき⁇

これに関しては、何分やったら休憩などと決めるより、**自然に集中力のタイマーが切れるまでやるのがいい**と思います。

たとえば漫画家さんのなかには、10時間ぶっ通しで描き続ける人もいます。10時間もぶっ通しでやり続けるというのは、それをすることで脳内に快楽物質が発生する状態、いうなれば〝中毒〟の状態になっていないとなかなかできるものではありません。オンラインゲームにハマッて会社や学校に行けなくなってしまうような人も、まさにこの状態にあるといえるでしょう。

会社に行けなくなってしまったり、人との約束をすっぽかしたりするのは問題ですが、もし仕事の作業がそれくらい楽しいと感じられるのなら、ある意味、素晴らしいことですよね。だから、とくに支障がなければ、続けたいと思っているうちはやり続けてしまうのがわたしはいいと思います。

ちなみに過去には、作業に没頭しすぎて戦争が起こったことにすら気づかなかったと噂された人もいました。現在の原子模型の大もとをつくるなど大きな学問的業績を世に残した物理学者・長岡半太郎博士です。

彼は研究に没頭するあまり、日露戦争が起こったことに気づかなかったとか。真偽のほどは定かではありませんが、これこそ、生命の存続をおびやかすような異常の検知を放棄してまで目の前の仕事に集中するということを地で行くエピソードですね。

〝とにかくやり始める〟と末梢からスイッチが入る

とはいえ、やはり人間ですから、どうしてもやる気が起こらないこともあります。デスクに向かう気がどうにも起こらない。ペンやキーボードに触る気がどうしても起こらない……。じつは、これも脳の特徴を考えると当たり前のことなのです。いったいどういうことでしょう。

脳はとても洗練された器官のようですが、その重量の割には燃費の悪い臓器で、働かせるにはかなりの酸素や栄養が必要です。とくに**何か新しいことをするときには、相当なエネルギーが必要**となります。だから、脳としては余計なエネルギーがかからないように、なるべくいましていることを変えたくない。**いましていることをできるだけ継続しようとするし、逆に新しいことをしようとする際には何らかのブレーキがかかるようになっている**のです。

逆に一度始めてしまえば、続けようという力が働くのです。つまり、始めてしまえば、その後は苦もなくやり続けられるということ。要はやる気を起こさせるには、〝とにかくやり始めること〟が何より重要なのです！

そもそも、なぜやる気が起きないのか。それは、まだ始めていないためにその**タスクの〝魅力〟がイメージできていないことが大きな要因**です。だから「面倒くさいこと」や「大変なこと」といったハードルばかりが頭に浮かんできてしまう。

これを解消するには、その作業が意外に楽しいということを、身体の〝末梢〟から教えてあげることです。末梢とは、文字をタイプするときの「指」や、ものごとを見る「目」、身体を動かすときの「筋肉」や「皮膚」などのこと。まずはそれらの**末梢を無理やりにでも動かしてみて、そこから作業の楽しさを脳に伝える**のです。

たとえば、「文章をタイプするのって、やり出すとけっこう楽しいものだな」とか、「繰り返し練習をするのって、やればやるほどクセになるな」といった感覚です。誰でも経験があるのではないでしょうか。

たとえやる気が起きなくても、まずは無理にでも始めてみて、手や目などの末梢から脳に作業の楽しさを伝える。そしていざやり出せば、脳がそれを続けるように働きかけてくれる。

脳の構造上、「やる気は、やり始めてから出る」ようになっているのです！

いざ、やり始めてみてもどうしても気分が乗ってこない場合は、心からそのタスクがイヤだという可能性が高いので、誰か得意な人に任せてしまうか、あるいは思い切って仕事を変えることを検討するのも、長い目で見れば得策かもしれませんね。

「とにかく手を動かし始める」には、「○○をしたときは、××をしないと気持ちが悪い」というようにクセづけするのも効果的です。

たとえば「寝間着に着替えたら、歯磨きしないと気持ちが悪い」とか、「コーヒーを淹《い》れたら、必ず企画書づくりを始める」とか、「○○の音楽をかけたときは、部下の書類をチェックする」などです。ぜひ、自分ならではの「開始のルール」をつくってうまく利用しましょう。

あえて人目につく場所で作業してみる

何かをやり始め、集中状態に入り、それをできるだけ持続するには、少々意外かもしれませんが、**あえて「人目につく場所」でやるのが効果的**です。

これについては、ある企業が行った子どもの勉強についての調査があります。**子どもの勉強は、個室より家族が出入りするリビングでやるほうが効率が上がる**という調査結果が出ています。なぜかというと、親や家族が見ている場所には、**勉強をやらなくてはいけないという緩《ゆる》やかな圧力がかかっているから**です。なんとなく勉強をしないといけない気持ちに自然となるし、サボろうという気にもなりにくい。

そしてこれは当然、子どもだけでなく大人にも当てはまります。

では、大人にとって、人目につく場所＝やらなければいけないという緩やかな圧力がかかる場所とは、いったいどこでしょうか。

まず思い浮かぶのが、カフェやファストフード店です。カフェならほかにも仕事をしている人は多いですし、お金を払って（飲食物を注文して）その場所にいることを考えると、なかなかダラダラとはしなくなるものです。

ファストフード店は騒がしい場合も多いですが、裏を返せば、それだけ〝人目が多い〟ということでもあります。いったん集中状態に入ってしまえば、意外に作業に没頭できるものです。あまりに騒がしさが気になるようなら、耳栓をつけるのもいいでしょう。

カフェもファストフードも最近はフリーのＷｉ－Ｆｉを利用できるお店が多く、電源が自由に使えるところもあります。**ここぞというときのために、お気に入りのお店をいくつか開拓しておくといい**かもしれませんね。

図書館という手もあります。ここなら無料でいくらでもいられますし、多くの人が勉強したり本を読んでいるので〝人目〟は十分にある。ただし、静かすぎるよりも、環境音などの雑音で少しざわついているほうが人間はタスクに集中しやすい、という調査もあります。

また、最近は貸しワークスペースというものがあります。ここなら1時間300円程度で電源やインターネットが利用でき、比較的静かな環境で作業ができます。雑音がどうしても気になる人は、こういう場所を利用するのもいいかもしれませんね。

じつは、わたしも原稿がなかなか書けないときは、よくワークスペースを利用しています。まわりの人に「中野先生」だってわかっちゃうんじゃないかって？　一応、人目につきそうな場所では、それなりの対処をするようにはしています。たとえばマスクをしたり、帽子を被《かぶ》ったり、あとは逆に〝被りもの〟を外したり……(笑)。

集中できないのは、セロトニン不足かもしれない

最後に、〝食べ物〟のことにも触れておきましょう。

これといった理由がないのに、そこはかとなくやる気が出ないというのは、もしかしたら脳の神経伝達物質である「セロトニン」が不足しているのかもしれません。

セロトニンには精神のバランスを安定させる働きがあり、これが不足すると、〝う

つ〝っぽくなることがあります。何かこれといって原因があるわけではないのに、気持ちがふさぎ気味で、何をするにもおっくう……そんな状態です。

男女で比較すると、男性より女性のほうが脳内のセロトニン合成量が少ないことがわかっています。女性のほうが不安を感じやすかったり、うつ病になりやすいのも、セロトニンの合成量が少ないことが大きな一因だといわれています。

では、セロトニン不足を防ぐにはどうすればいいでしょう。そこで目を向けたいのが〝食べ物〟です。

セロトニンを合成する際の原料となるのが、アミノ酸の一種である「トリプトファン」です。そしてこのトリプトファンは〝必須アミノ酸〟と呼ばれ、体内では合成することができません。だから食べ物から摂《と》る必要がある。つまり、**セロトニンを合成するには、トリプトファンをきちんと食事で摂ること**が必要になってきます。

そんなトリプトファンを多く含むのが、たとえばカツオやレバー、パスタ、チーズといった食べ物。トリプトファンはアミノ酸の一種だけに基本的にタンパク質に多く含まれます。ただ、タンパク質以外でも、落花生《らっかせい》やごま、ホウレン草、豆もやしなどにも多く含まれています。

トリプトファンを摂ったほうがいいといっても、体重60キロの成人で120ミリグラム摂ればいいというレベルなので、それほど大量に摂取しなくてはいけないという話ではありません。ただし、不眠がちだったり、心配ごとがあってどうにもやる気が出ないときなら、標準量の10倍くらいは摂ってもいいと推奨する人もいます。

ちょっと気をつけたいのが、低タンパク質ダイエットや糖質制限ダイエットです。低タンパク質ダイエットをするとトリプトファンが不足しがちですし、トリプトファンをはじめとするアミノ酸が筋肉に取り込まれるには炭水化物が必要なので、炭水化物を摂らないと、いくらトリプトファンを摂取しても身体に吸収されません。**過度の食べ物制限は避け、できるだけバランスのよい食生活を心がけたい**ものです。

ただし、トリプトファンは確かに食べ物から摂り入れられますが、そこから実際にセロトニンが合成されるまではしばらく時間かかってしまいます。

そこで**セロトニンを手っ取り早く脳内に分泌させるのに有効なのが、〝湯船につかること〟**です。なぜ、入浴でセロトニンが増えるのかはまだハッキリとはわかっていませんが、〝心地よいと感じること〟がセロトニンの分泌に必要なのではないかともいわれています。

また、**セロトニンの合成量を増やすには、リズミカルな運動をするのもよい**とされています。しかも激しい運動より、リラックスできて心地いいと感じられる程度のものがより効果的です。そこで**ピッタリなのが「ウォーキング」**です。これならとくに道具は必要ないですし、ちょっと空いた時間に気軽にできます。

また食べ物の話に戻ると、**〝甘いもの〟にもセロトニンを増やす効果が期待できます。**一般的に男女で比べると女性のほうが甘いものが好きだといわれますが、これはそもそも女性はセロトニンの合成量が少ないために、つい甘いものを食べたくなってしまうのが一因です。実際に疲れていたり気持ちが落ち込んでいるときに甘いものを食べると、ちょっとホッとした気分になりますよね。

ここぞというときは、甘いものをちょっと口に入れてリフレッシュする。これも集中のスイッチを入れる1つの手助けとなってくれるでしょう。

LESSON

2

記憶力のしつけ方

続いては「記憶力」についてです。勉強でも仕事でも趣味の世界でも、記憶力はとても重要です。記憶力がよければ覚える労力と時間が少なくてすみますし、アウトプットするときにも記憶をポンポン引き出せたらすごく便利です。何より、そんなふうに記憶力がいい人を見ると、いかにも〝頭がいい人〟という感じがしますよね。

でも、こんなふうに思う人も多いのではないでしょうか。記憶力の良し悪しなんて生まれつき決まっているから、大人になってから伸ばすなんてムリなのでは？ 人は年をとればとるほど物忘れが激しくなるから、記憶力は衰えていく一方なのでは？

……果たして本当にそうでしょうか？

確かに記憶力が持って生まれた素養に大きく左右されるというのは事実ですし、年齢を重ねるほど覚えにくくなるのも事実です。

でも、どうかガッカリしないでください。**大人になってから記憶力を伸ばすことは、十分に可能**なんです！ いったい、なぜそんなことができるのか。脳と記憶の関係をひもときながら、記憶力を高める具体的な方法を紹介していきます。

元ＡＫＢ48アイドルの神対応に学ぶ記憶術

記憶力というと、わたしが以前すごいなと思ったのが、元ＡＫＢ48の大島優子さんです。それは彼女がＡＫＢ48のメンバーだったころに行った、ファンとの握手会の様子を友人から聞いたときでした。なんと、彼女はファンに「このあいだのニューヨーク、どうだった？」とか、「髪切ったんだ〜？」などと話しかけていたというのです。

ＡＫＢ48の握手会ともなると1日に数百人から数千人もの人と対面します。そのなかで個々のファンのことを記憶するというのは、並大抵のことではありません。なぜ、そんなことができるのでしょうか？

おそらく彼女は、ファンの1人ひとりをできるだけ把握《はあく》するために、「この人は今度ニューヨークに行く人だ」などと、以前話したときのエピソードと結びつけて覚えているのでしょう。

ただ名前と顔だけで覚えようとすると、そうそう多くを覚えられるものではありませせん。でも、エピソードと紐《ひも》づけて覚えれば、自然とかなり多くのことを記憶できる。そんな工夫を努めてすることで、あの〝神対応〟が実現していたのでしょう。

それにしても、なぜ名前だけで覚えようとするとなかなか覚えられなくて、エピソードとセットで覚えると覚えられるのでしょうか？　それにはまず、記憶にはいくつか種類があることを知ることから始めましょう。

「意味記憶」と「エピソード記憶」の違いとは？

記憶には、**「陳述記憶」**と**「非陳述記憶」**というものがあります。ざっくりいえば、陳述記憶は言葉にできる記憶のこと。非陳述記憶は言葉にできない記憶のことです。

さらに陳述記憶は、**「意味記憶」**と**「エピソード記憶」**に分けられます。

意味記憶とは、言葉の意味を表す知識や記憶のことです。たとえば「秋に実がなるオレンジっぽい色の果物＝柿」というのが意味記憶です。前述の握手会の例でいえば、ファンの人をただ顔と名前で覚えた場合の記憶のこと。

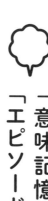

対して**エピソード記憶は、経験したことについての記憶のこと**。同様に、柿でもエピソード記憶だと「近所の家の庭から勝手にもぎ取って、後で大目玉をくらったもの＝柿」というふうになります。こちらがまさに大島優子さんが握手会でやっていたであろう記憶法です。

非陳述記憶というのは、たとえば自転車の乗り方とか、泳ぎ方などの記憶のこと。こちらは言葉で覚えるというより身体で記憶するというイメージで、何年経ってもまず忘れることはありません。

さて、**意味記憶の代表的なものといえば、学校のテストの穴埋め問題**です。歴史的人物や年号なんかを入れるあれですね。いわゆる〝暗記もの〟です。よく単語帳を使ったりチェックペンでマークしたりして頭に詰め込んだ人も多いでしょう。

でも、ちょっと考えてみてください。学生のころ、あれだけ必死になって覚えた暗記ものの数々ですが、いまでは大部分を忘れていませんか？　そう、**意味記憶は、非常に忘れやすいという特徴がある**のです。

一方の**エピソード記憶は、自分が体験したことや感じた感情、イメージなどがともも**

なったものです。「小学校のときに○○くんとディズニーランドに行った」とか、「中学校の入学祝いに、おじいちゃんにCDデッキをもらった」とか、「小さいときに動物園に行って、初めてコアラを見た」などです。

同じ「源頼朝《みなもとのよりとも》」という人物のことを覚えるにしても、意味記憶の場合は、ただ「源頼朝＝鎌倉幕府を開いた人」となるのに対して、エピソード記憶は「源頼朝＝鎌倉の海辺を馬に乗って駆け回った末に、新しい幕府を開いた人」とイメージ付きで覚えた記憶になります。

そしてこの**エピソード記憶は、意味記憶よりもずっと忘れにくく、長く記憶として残りやすい**という特徴があるのです。

だから記憶としてきちんと定着させるためには、なるべくエピソード記憶に変換して覚える。それが記憶力を上げるための大きなコツの1つです。人の名前を覚えるにしても、ただ名前と顔を一致させるのではなく、エピソード記憶に変換して覚える。それを日ごろからクセづけしてしまえばいいのです。

おそらく大島優子さんもそれを実行しているからこそ、ああいった素敵な対応ができるのでしょう。そういう工夫ができるところこそ彼女の魅力であり、多くの人の支持を得る理由なのではないかと思います。やはりセンターを担《にな》うような人はすごいんだなと感心してしまいます。

これはたとえＡＫＢ48でなくても、誰にでも応用できる方法です。もしあなたが仕事や勉強で記憶力をもっと高めたいと思うなら、ぜひエピソード記憶術を取り入れてみてください。

エピソード記憶に変換して覚えるテクニック

前述のように、エピソードとセットで覚えることはとても効果的ですが、つねにできるわけではありませんよね。たとえば仕事で初対面の相手と名刺交換をして、その後そのまま商談に臨むような場合。何かエピソードと紐づける間もなく、すぐに名前を覚えなくてはいけない。しかもそれが複数ともなると、全員分の名前をきちんと覚えるのはなかなか難しいものです。

そんなときでも**大きな効果を発揮するのが、名前とビジュアルを結びつける方法**です。たとえば山田さんという人だったら、その人の見た目から、何か「山田」と結びつけられるものを探します。すると頭が少し山型に見えてきたりする。そうしたらしめたもの、ちょっと失礼ではありますが、「頭が山型の山田さん」というイメージで覚えてしまいましょう。

すると次に会ったとき、すぐに「頭が山型だから……山田さん」と思い出せるのです。これは少し手間がかかる方法ではありますが、このひと手間によって記憶として定着する確率をグンと高めることができます。

もう少し例を出してみましょう。たとえば白石さんという人だったら、「肌が白い白石さん」というイメージで覚える。内田さんという男性なら、「イケメンのウッチー（サッカー選手の）」というイメージで覚えておく。こじつけでもＯＫなので、とにかく名前と何か１つイメージを結びつけて覚えるのがポイントです。先ほどの山田さんなら、山田さんの顔と、笑点で座布団《ざぶとん》を運ぶ山田さんのイメージを勝手にセットで覚えてもいいかもしれませんね。

またビジュアル以外でも、たとえば経理の安西さんなら「経理で暗算が得意なアンザイさん」と語呂《ごろ》合わせのようにして覚えてもいいですし、あるいは「マイホーム（新しい城）を建てようとしている新城さん」などと勝手にストーリーを捏造《ねつぞう》してしまってもOKです。もちろん、この覚え方は人の名前以外でも応用できます。

ここまで述べてきた**「何かエピソードに変換して覚える」という方法は、日々やっていくうちに上手になる**ものです。練習すればするほど上達するのです。なぜかというと、**人にはエピソードに変換するときのイメージのストック（パターン）というものがあって、何かの名前を覚えるために日常的にイメージを使うことでストックを意識的に増やそうとする**からです。

だから、ちょっと面倒くさいと思っても、ふだんからなるべく〝ひと手間〟かけてものごとを記憶する。記憶力を高めるには、これが1つのカギとなってきます。

口に出すだけで、ただの文字が経験になる

何かを覚えるときに、できるだけ「感情」を込めて覚えるようにするのも記憶力を高めるコツの1つです。**感情がともなうと、脳が「これは生きるために必要な情報だ」と判断して記憶に定着しやすくなる**のです。

とはいえ、すべてのものごとに感情を込めるのはなかなか難しいところですよね。いったいどうすればいいのか。じつは、ちょっとした工夫で感情を付加《ふか》できる方法があるんです。それが**「感想を口に出していうこと」**。

たとえば歴史の勉強で、ある独裁者の話が出てきたら、「うわあ、それは怖いなあ」といってみる。仕事で覚えるべき商品名やシステム名が出てきたら、「こりゃ便利だわー」といってみる。ほかにも「行ってみたいな」「ずるいな」「面白い！」など、感情であればなんでもOK。**なんでもいいので、少しでも感想が思い浮かんだら口に出していってみることがポイント**です。

また、なるべく**〝五感〟を使って覚えるというのも、記憶をしっかり定着させたい場合にはとても有効**です。五感とはご存じのように、視覚、聴覚、触覚、味覚、嗅覚《きゅうかく》のこと。ものごとを覚えるときに、これら五感のうちなるべく多くのものを動員させたほうが、前述の感情がともなった記憶と同様、脳に「これは覚えておくべき情報だ」と思わせられるのです。

たとえば読書をしたり教科書を読む際は、ただ視覚だけを使って黙読するのではなく、書いてあることを**音読して視覚と聴覚を同時に使う**。こうすることで、ただ黙読するときよりも多くの内容を記憶として定着させられます。

さらに記憶を確かなものにしたいなら、**音読しながら書いてあることを紙に書き写す**という方法もあります。視覚、聴覚に加えて、触覚も稼働させることができます。

また、「サードウェーブコーヒー」という新しい業態を覚えるにしても、ただ新聞やネットの記事を見るよりも、実際にお店に行ってコーヒーを飲み、香りを嗅ぎ、お店の居心地を体感したほうが、はるかに鮮やかで確かな記憶として残りますよね。

もちろん、五感を使える場というのは限られていますし、時間や労力もかかることなのでいつもやるのはムリですが、もし「これは大切だからしっかり記憶に残したい」というものがあれば、なるべく多くの五感を動員できる方法を試してみてはいかがでしょうか。

年齢を重ねても記憶力そのものは落ちない

よく、「最近、年をとったせいで、記憶力が悪くなってきて……」などといいますよね。若いころは新しいことをどんどん覚えられたし、人と話すときも言葉がスラスラ出てきたはずが、最近ではなかなか覚えられない。いざ人に話そうにも、「なんだっけ、ほら、アレ、アレ！」と肝心の単語が出てこない。そんな方も多いでしょう。

やはり年齢を重ねることで、脳が衰えて記憶力が悪くなるのでしょうか？　それとも、それは単なる錯覚にすぎないのでしょうか？

結論をいうと、どちらも正確ではありません。果たして年をとると、人の記憶力はいったいどうなるのでしょう？

まず押さえておきたいのが、**人は年齢を重ねても決して〝記憶力〟そのものが落ちるわけではない**ということです。では、なぜ年をとると物忘れが激しくなるのか。

それはこうです。**脳の記憶を保管するデータベースを〝箱〟にたとえるなら、箱の容量自体は変わらないものの、その〝入り口〟が狭くなる**からです。入り口が狭くなることで、ものを入れづらくなる。だから年をとるとものが覚えられないというよりも、そもそも脳がものをあまり覚えようとしなくなるのです。

なぜ記憶の箱の入り口が狭くなるのでしょう。集中力の章でも触れましたが、脳を動かすにはかなりの酸素と栄養が必要です。したがって、できることなら余計な動きは省略し、できるだけリソースを節約したい。だから年齢を重ねて**さまざまな記憶が箱を満たすようになると、新しい経験に対して「これはもう必要な情報ではない」と判断して記憶の箱に入れないようにする**のです。

でも、いくら脳が記憶を拒否しても、覚えたいものは覚えたいですよね。そんなときこそ、**「エピソード記憶」が役に立つ**のです。ただ単語として覚える意味記憶では脳が〝不必要〟とジャッジする可能性が高いけれど、エピソードや感情、五感などと結びつけることでエピソード記憶として覚えようとすれば、**脳が「これは必要！」とジャッジ**する。こうしてみごと記憶の箱に収まるというわけです。

データベースが大きいと検索に時間がかかる

年をとるともう1つ困った症状が表れます。それは、「覚えていたことが、いざというときに出てこない」というものです。

会議のここぞという場面で発言権を得たのに、肝心のところで肝心の単語が出てこない。あるいはメールや資料作成で文章を書いているときに、ピッタリな言葉があることはわかっているのに、どうしても出てこない……。

似たようなことは誰もが覚えがあるのではないでしょうか。しかもこれ、年々ひどくなっている気がしませんか？　まさにこれこそ、加齢による衰え？

再び記憶の箱でたとえるなら、これは**箱の中身がたくさんになってしまったことによって、いざ中身を引っ張り出そうにも見つかりにくくなっている状態**です。要はデータベースが膨大になってしまったことで、検索に時間がかかるようになってしまっているのです。「えっと、あの人、なんて名前だったっけ……」と、ハードディスクがカリカリカリカリと検索し続けているイメージです。だから、これも決して記憶力そのものが落ちているわけではないのです。

これを**払拭《ふっしょく》するには、なるべくふだんからよく検索にかけておくこと**に尽きます。その**記憶と結びついている紐を、しょっちゅう引っ張ることで強化するイメージ**です。要はそのことをよく考え、よく話すようにすれば、いざというときに思い出せる確率が高くなるというわけです。

せっかく覚えた記憶を、すぐ忘れてしまう〝短期記憶〟にせず、いつまでも覚えていられる〝長期記憶〟にするには、「復習」することが大切です。

ある実験によれば、あることを**一度学習しただけの場合と、学習した後に3回復習した場合では、記憶の定着率が3～4倍も違う**という結果が出ています。また、復習は1回目で覚えたことをある程度覚えているうちに行うことで、記憶の定着率を大きく上げられます。

たとえば出会った人のことを忘れないために、〝復習〟を兼ねて名刺を整理する。

毎日、家に帰ったら名刺入れを整理し、その日に出会った人のことを思い出すのを習慣にするといいかもしれません。

また、せっかく読んだ本の内容を忘れたくなければ、いいなと思った箇所《かしょ》に付箋《ふせん》を貼ったりページを折り込むなどしてマーキングしておき、読み終わった後にもう一度その箇所を読み返してみるとか。

〝エピソード記憶に変換して覚える〟ということに加え、この〝反復法〟を組み合わせれば、記憶はより確固たるものとなること間違いなしです。

生まれつき記憶力のいい人とは？

どんな人でも〝覚え方〟を工夫しさえすれば、記憶力は伸ばせるということを述べてきました。一方で、世の中にはこれといって工夫しているように見えないのに、やたらと記憶力がいい人もいますよね。彼らの記憶力のよさは、生まれつきなのでしょうか。そもそも生まれつき記憶力がいいとは、どういうことなのでしょうか。

まず、生まれつき記憶力がいい人について。そのような人は、確実に存在します。**普通の人と何が違うのかというと、遺伝子の型が違います**。とはいえ、普通の遺伝子と大きく違うわけではなく、たった1つの塩基《えんき》が違うだけだったりします。

これと同じような話で有名なのは、お酒を受けつける遺伝子と受けつけない遺伝子です。人間の遺伝子にはさまざまな情報を伝える膨大な塩基がありますが、そのなかのたった1つ、ＡＬＤＨという酵素の塩基の配列が違うだけで、飲酒によって発生するアセトアルデヒドを分解できる人とできない人に分かれてしまいます。

記憶力の良し悪しも同様で、ある**1つの塩基の違いだけで記憶する能力が20パーセントほども違ってきます**。では、彼らは具体的にどんなふうに優れているのか。

それがまさに、これまで説明してきた〝ものごとをエピソードに変換して覚える〟能力です。彼らはそれをごく自然に、上手にできてしまう人たちなのです。

ご存じの通り、日本のさまざまなテストでは〝暗記もの〟がとても重視されています。そして個人的には、そのようにして記憶力がいいというだけで人を選抜するのはどうかと思います。なぜなら、世の中に本当に必要とされる能力は、ほかにもいろいろあると思うからです。

確かに記憶力が優れていることは素晴らしい素養ですが、それに負けず劣らず、ものごとに対する反応の機敏さだったり、共感する力だったりが大切だと思います。だから現状の暗記力だけを問うシステムは、はたして本当に社会に必要な人材を精査《せいさ》できているのか、はなはだ疑問に感じてしまいます。

いずれにせよ、ここまでお伝えしたかったのは、生まれつき記憶力がいい人というのは確実に存在するけれど、たとえそうではない人も、彼らが記憶するときと同じようなやり方を意識的に行うことで、その差をグッと縮められる。**記憶力がないと思っていた人でも、工夫次第で記憶力は大きく伸ばせる。**そんなお話だったのです。

それでも忘れてしまったときの対処法

とはいえ、どんなに工夫しようが、忘れてしまうときには忘れてしまうものです。

名刺交換のときでも、3人くらいまでならまだしも、同時に5人も6人もいたら名前を覚えられなくて当然です。だからこそ、そこで覚えられるような人は一目置かれるわけです。また、たとえばファッションの雰囲気で名前を覚えていたのに、次に会ってみたらガラリと変わっていて、名前がどうにも思い出せない……。せっかくエピソード記憶として覚えても、これに類することはどうしても起こってきます。

つまり、どんなに記憶力がいい人でも忘れることはある。**どんなに大丈夫だと思っていても、うっかり忘れてしまうことは誰にでも起こりうる**ことなのです。記憶力を高める工夫と並行して、ぜひ、そんな前提も頭に入れておきましょう。そのうえで、忘れたときにどう対処すればいいかも事前に考えておく。

では、忘れてしまったときは、具体的にどう対処すればいいでしょう。1つオススメの方法があります。それは、開き直ってしまうこと（笑）。

たとえば人の名前を忘れてしまったのなら、自分が勝手につけたあだ名で呼んでしまうのです。その人が子鹿のようにかわいらしい女性だったら「バンビちゃん」、博識《はくしき》そうな人だったら「博士《はかせ》さん」などなどです。もちろん、もし役職がわかれば「部長さん」や「チーフ」でもＯＫです。

ちょっと似ている俳優の名前で呼んでみるのもアリかもしれません。たとえば綾瀬さんとか福山さんとか草刈さんとか（笑）。

まあ、これは苦肉の策ですし、相手を傷つけないことが大前提ではありますが、名前を忘れてしまったのをきっかけに親近感をアピールすることはできます。うまくいけば普通に名前で呼ぶより短時間で距離が縮められるのではないでしょうか。

とはいっても、とてもあだ名で呼べないような関係性の相手である場合ももちろんありますよね。そんなときは、正直に忘れたことを伝えてしまうのも1つの手です。

ただ、どうせ伝えるなら、それを逆手にとってひと工夫してみてはどうでしょう。たとえば「お話に惹き込まれているうちに、お名前が飛んでしまいました……」とか「あまりにオーラがすごくて頭が真っ白になってしまって……」などなど。

とりわけ営業のお仕事をされているような方は、相手との距離を縮めることが一番の命題だと思います。当然、相手の名前を覚えることはとても大切ですが、**万が一忘れてしまったときに、いかに柔軟な対応で相手の心をつかむか**。それもまさしく知性の1つだと思いますので、併せて磨いてみてはいかがでしょう。

脳がエピソード記憶を重視するのは、原始時代の名残り!?

この章では、記憶には意味記憶とエピソード記憶があり、脳に定着させやすいのはエピソード記憶のほうだということを主にお伝えしてきました。でも、じつのところ意味記憶とエピソード記憶は、ただそのような分類ができますよ、といわれているだけで、それぞれ脳のどこで、どんなふうに行われているかまでは厳密にはわかっていません。とても先端の分野で、未だ研究途上なのです。

でも、おそらくこうだろうと解釈されているところによれば、人類の長い歴史のなかでは〝言語〟というものは特殊なもので、かなり進化の遅い時期に発達してきたものであるとされています。人類の歴史は約700万年ともいわれていますが、言語を獲得したのはせいぜいここ数万年のことだろうと。だから言語というものは、まだそれほど洗練されていない。

したがって、ただの言葉の羅列《られつ》(=意味記憶)よりも、こういうことをすると痛い目に遭うとか、ここに行けば食べ物が見つかるという**経験（＝エピソード記憶）を覚えておいたほうが、生きていくためには得だと脳は判断**する。そちらを覚えておいたほうが生きのびやすいだろうと。そして未だにその順位付けが、現代人の脳にも残ったままであるというのです。

実際、かつての人類にとっては、意味記憶を覚えてもそんなに得にならなかったのでしょう。得になるとしたら、仲間と強調関係をつくる場合とか、「あのとき、ああいったよね」と約束を覚えておいて、それを実行できることくらい。それは〝生きのびる〟という面においては、それほど重要ではない。そんな時代が長く続きました。

したがって、暗記が得意な人が受験に成功したり、いい会社に入れたり、仕事でいいポジションにつけたりと、これだけ**意味記憶が大きなウェイトを占める現代は、人類の歴史のなかではかなりイレギュラーな時代**なのです。だから脳がまだそれに適応しておらず、未だエピソーディックな記憶のほうが重要であるというシステムになっている。だからこそ、その性質を利用してものごとを上手に記憶する。わたしがこの章でお伝えしたかったのは、それに尽きます。

LESSON

3

判断力のしつけ方

続いては「判断力」についてです。

人生とは、まさしく判断の連続。人間が生きていくには毎日、それこそ毎分毎秒、さまざまな判断を下す必要があります。仕事を決めることや住居の選択はもちろんのこと、今日の服装、会議でどんな発言をするか、ランチに何を食べるか……。

そんなさまざまな判断を下す際に重要に思えるのが、決断をする力です。とかくビジネスの世界においては、何ごとも率先して重要なことをバシバシ決めていくリーダーはとても頼もしく映りますよね。これぞデキる男の象徴という感じです。

ところが、この〝決断力〟は、必ずしもいいことばかりではありません。むしろ**決断力を追求してしまうと、大きな落とし穴に陥りかねない**のです。いったいなぜでしょう?

というわけで、この章では、脳の仕組みを上手に生かしてさまざまな局面で〝より自分に利益をもたらしてくれる判断〟を下していくための方法をご紹介します。

判断が速いけど間違えやすい脳の「Xシステム」

〝決断力〟がありすぎると、じつは問題がある。それはいったい何か……。

その前に、まずは人間が意思決定を下す際に、脳のどんなシステムを使っているかをご説明しましょう。

人間がなんらかの〝判断〟を下すときには、主に脳の2つのシステムを使っています。まず1つ目が、**ものごとを迅速《じんそく》に判断する「Xシステム」**と呼ばれるもの。X**とは「REFLEX＝反射」**からとられたもの。ですので〝**反射システム**〟と置き換えて考えてもよいでしょう。

このXシステムの特徴は、その名の通り反射的にものごとを素早く判断できること。よく〝即断即決〟などといいますが、それをするにはXシステムが不可欠です。

そのかわりマイナス面もあります。それは速いだけに間違えやすいこと。要は**「拙《せっ》速《そく》」な判断になりやすいという弱点を抱える**のです。

ネット掲示板などで、よく考えずにいい加減なレスをしたとき、「脊髄《せきずい》反射でものをいうな！」などと揶揄《やゆ》されたりしますが、そのイメージにも近いかもしれません。

また、ときどき問題になる、国会や都議会で質問する議員への〝ヤジ〟。以前大きな批判の的となった「自分が早く結婚したらいいじゃないか」「産めないのか」などと心ないヤジを入れたあの件などです。これも脳的にいうと、Xシステムを通しての発言です。いっている本人は、答弁に合いの手を入れるように素早く面白いことをいったつもりですが、あまりに配慮が欠けていたため大きな問題となりました。

そしてお気づきかもしれませんが、〝決断力がありすぎることによる弊害〟もここにあります。何ごともスパッと決められるのはいいけれど、**深い思慮《しりょ》や緻密《ちみつ》な計算が欠けているため、後になって大きな問題が発生してしまうこともある**からです。

たとえば仕事でとてもイヤなことがあったので、次の転職先も考えずにスパッと会社を辞めてしまう。ところがいざ転職活動を始めてみると、元の会社を上回る条件や仕事内容の会社がまったく見つからない……。

あるいはプライベートでの話。飲み会で出会った女のコの見た目がとてもタイプだったので、すぐに告白してつき合い、1カ月であっさりスピード婚！　ところがいざ毎日顔を突き合わせてみると、意外と趣味や好みが合わないことがわかってくる。話が合わないから家での会話はどんどん少なくなり、一緒にいる毎日が苦痛に……。

このように、Xシステムによる〝思い切りのよい決断〞も、一歩使い方を間違えると大きな失敗となってしまう可能性もある。ときには人生を狂わせかねないのです。これを避けるには、どうすればいいのでしょうか？

ちなみにこのXシステムが働いているのは、脳の「大脳辺縁系」という部分です。大脳辺縁系は快感や喜び、不安、恐怖といった「情動《じょうどう》」を司る器官で、〝情動脳〞や〝哺乳類脳〞などとも呼ばれます。ある意味、とても**〝動物的〞な器官**なのです。

判断が遅いけど合理的な脳の「Cシステム」

スピードは速いが大きな過ちも起こしかねないXシステムに対処するにはどうすればいいのか。

そこで注目したいのが、人間が意思決定をする際のもう1つのシステム**「Cシス**

しょう。

テム」です。**Cは「CALCULATE＝計算する」**のCと考えれば覚えやすいで

こちらの特徴は、Xシステムに比べるとずいぶん**スピードが遅いかわりに、ものごとを慎重に判断できる**こと。たとえばXシステムなら「あの人は悪い人だ」と拙速に判断するところを、Cシステムなら「いや、ちょっと待てよ。あの人は悪い人に見えるけど、じつはいいところもあるんじゃないか」と考え直すことができます。

いうなれば、**ものごとを長期的な視野に立ってより正確に、合理的に判断できるシステム**なのです。Cシステムはそのシステムの特性上、**〝熟考システム〟**と置き換えて呼んだらわかりやすいかもしれません。

たとえば先ほどの結婚のケース。こちらのCシステムを通したなら、つき合ってすぐに結婚を決めたりはせず、もう少し長くつき合ってみた末に、「この女性はとてもキレイでタイプだけど、自分とは性格が合わないので長く結婚生活をともに送る相手としては不向きだ」と、より正しい判断が下せます。

会社ですごくイヤなことがあったケースでも、Cシステムを通せばすぐに会社を辞めたりはせず、まずは辞めるべきか残るべきかをじっくり考え、そのうえで「辞めて

も、いまの会社以上の職場を見つけるのは難しそうだし、いま抱えている問題は腰を据《す》えて対処すれば、おそらく解決は可能。だからいまは会社に残るべきだ」と慎重かつ合理的なジャッジが可能になるのです。

もう1つ例を挙げてみましょう。多くの人の関心を集める「ダイエット」です。じつは**ダイエットこそ、成功するかしないかはまさにこのCシステムにかかっている**といっても過言ではないのです。

たとえばダイエット中に目の前に食べ物がある。そんなときにXシステムに頼ってしまえば、「美味《うま》そうだ」「腹が減った」という情動が勝ってしまい、すぐに〝よし、食べよう〟という判断を下してしまう。

これがCシステムならどうでしょう。

「ここで食べたら、絶対に〝食べなければよかった！〟と後悔するだろうな」と考えることができる。その結果、目の前の食べ物をなんとか我慢できる。

〝決断力のある人〟と聞くととても頼もしく、かっこよく見えます。片や〝優柔不断な人〟と聞くと、なんだか頼りなくてだらしない感じがします。

でも、日々の生活では、情動に任せてどんどんものごとを決めていくよりも、長い目で見て慎重に判断したほうがいい結果となることがはるかに多いものです。

要は**決断力は〝蛮勇《ばんゆう》〟と隣り合わせ、そして一方の優柔不断は〝慧眼《けいがん》〟と隣り合わせといえるかもしれません。優柔不断は決して悪いことではなく、じっくり考えている証拠**といえるのです。そしてわたしはそういう人のほうが、つねに即断即決の人よりも人間らしく、人として知能が高いと感じます。

決断力があって素晴らしいなと思うケースもあります。その1つがテレビの世界です。テレビの世界では、秒刻みの展開でいかにパッと気の利いたことをいえるかがとても重要です。その点、お笑い芸人さんは本当にすごいものがあると思います。とにかくものごとに切り返しを入れるスピードが人より速い。その差はコンマ何秒の差かもしれませんが、そのスキをついて面白いことをどんどんいっていく。その姿には、共演していて毎回感心してしまいますし、かっこよく見えて、非常にうらやましい、妬《ねた》ましいような気持ちになることもあります。ただ、あれはあくまで〝芸能〟の世界における特殊技能なので、普通の人にはなかなか真似《まね》できるものではありませんよね。

ちなみに、ここまで紹介してきた「Cシステム」が働いているのは、脳の「前頭前野」という部分。その前頭前野のなかでも、主に「背外側部《はいがいそくぶ》」というところが担っています。前述したように熟考して合理的な判断をする機構で、前述のXシステムで起こったさまざまな情動を、ここでセーブする。**Xシステムが〝アクセル〟だとすると、Cシステムは〝ブレーキ〟**と考えるとわかりやすいかもしれません。

こう考えると、お笑い芸人さんたちはすごいエンジンを積んだランボルギーニのようなスーパーカー、わたしたちは街乗りやレジャーを安全に快適に楽しむためのセダンやワンボックスカーに当たるといえるでしょうか。それぞれの環境に適合した、向き不向きがあるのです。また、ふだんの生活では、一流の芸人さんたちも意外とセダンのように振る舞っていたりします。

そしてじつはある実験で、この**Cシステムを働かせて余計な情動を抑えられる人は、生涯を通じて〝勝者〟となりやすい**ということが証明されているのです。

Cシステムが働く人ほど成功する
――マシュマロ実験による証明

情動にブレーキをかける力がある人ほど人生で成功する。そんな数字では表しにくそうな漠然とした定理を証明してしまったのが、心理学や脳科学の世界ではとても有名な**「マシュマロ実験」**です。

これが最初に行われたのは1970年のことでした。場所はアメリカのスタンフォード大学。対象となったのは、4歳の子どもたち186人でした。

まず子どもが1人ひとり部屋に呼ばれます。机にはマシュマロが1つ、皿の上に置かれています。そして実験者は子どもにこう伝えます。

「わたしはいまから用事があってこの部屋を出なくちゃいけない。でも、15分後に帰ってくるよ。そこでもし君がマシュマロを食べずに残しておくことができたら、そのときはもう1個マシュマロをあげよう。でも、もし君が食べてしまったら、もうマシュマロはあげられないよ」

こうして実験員が部屋を出ていった後も、部屋の様子は監視カメラで観察され続けました。すると子どもたちは、マシュマロを触ったり、匂いをかいだり、はたまた自分の目を手で覆《おお》ったり、後ろを向いてしまったりと、さまざまな反応を示しました。ただ、大半の子どもはマシュマロをすぐに食べることはせず、少なからずがまんしようという努力は見せました。果たして15分後の結果は……。

全体の約3分の2の子どもはがまんできずにマシュマロを食べてしまいましたが、残りの約3分の1の子どもはなんとか15分間がまんして、2個目のマシュマロを手に入れることができました。がまんできた子どもの多くは、前述のようにマシュマロができるだけ目に入らないように工夫をしていた子たちでした。


さらに、この実験には続きがあります。18年後、その子どもたちが22歳になったときに追跡調査をしてみました。するとマシュマロを食べてしまったグループより、食べなかったグループのほうが成績優秀者が多いという、統計的に有意な結果が出たのです。

さらにさらに、その23年後、つまりは彼らが45歳になったときにもう一度、追跡調査が行われました。すると**マシュマロをがまんできたグループのほうが明らかに社会経済的地位（SES）が高かった**。いうなれば、より〝成功〟していたのです。

目先の欲望にとらわれることなく、長期的な利益を考えて判断できる人は、人生で成功しやすい。そのことを長期に渡る調査で証明した同実験は、「人間行動に関する検証でもっとも成功した実験の1つ」ともいわれています。

でも、マシュマロ実験の結果は裏を返せば、子ども時代の〝自制が利《き》く〟という資質は、大人になってからもずっと継続するということ。つまり、子どものころにその資質がなかった人は、大人になってからではもうどうしようもないのでしょうか？

いいえ、決してそんなことはありません。情動にブレーキをかけ、長期的に見てよりよい判断を下すための**Cシステムは、大人になってからでもちょっとした工夫で伸ばすことができる**のです。

ここからは、その方法を詳しく説明していきましょう。

目先の利益を隠し、イヤなことに目を向けてみる

目先の利益をがまんし、後々もっと大きな利益を上げられるほうを選択する。そのためには、いくつかコツがあります。

まずは、目先の利益が目に入らないようにするのが効果的です。たとえばダイエットなら、なるべく食べ物やそれにまつわる情報が視界に入らないようにする。ある実験では、**目の前にお菓子を盛ったかごを置くのと置かないのでは、食べる量が20パーセントも変わってくる**というデータが出ています。

ですから、もしあなたがダイエット中なら、家のなかや仕事場の目につく場所にはできるかぎり食べ物を置かないようにする。また、食べ物に関する記事やテレビ番組にも極力触れないようにする。まさに前述のマシュマロ実験で、子どもたちがなんとかマシュマロを食べないようにしたときの工夫と同じことですね。

一方で、〝後々のもっと大きな利益〟のほうにはしっかり目を向けるようにします。

同じダイエットなら、「ダイエットに成功して5キロやせたら、着られなかったあのジャケットを着て合コンでモテまくる！」などと、ダイエットの成功がもたらすメリットをできるだけ具体的にイメージするのです。こうすれば目先の利益にとらわれて早まった選択をしてしまう確率を減らすことができます。

拙速で誤った決断を回避するには、イヤなことに目を向けることも大切です。たとえば就職や転職をするために会社を選ぶとき。目先の利益＝給料の額面や仕事内容だけではなく、それ以外の条件をきちんとチェックすることです。

なぜなら、たとえ給料の額面が素晴らしくても、じつは離職率も非常に高かったというケースは少なくありません。また、勤務時間を調べてみたら大幅な残業が当たり前で、しかも残業代は出ない、時給換算したら給料は決してよくない、なんてこともあり得ます。

もしくは給料の額面はよく、勤務時間も多くない。でも、よく調べてみたら、10年、20年働いている社員の給料がほとんど上がっていない。あるいは理想の仕事内容だと思ったけれど、労働環境が劣悪で、とてもモチベーションが保てなさそう……。

会社選び1つをとっても、調査すべき項目はこんなふうにいくらでも出てきます。
どうか**人生を左右するような大きな選択をするときは、〝耳あたりのよくない情報〟にこそ耳を傾け、しっかり吟味《ぎんみ》する**ようにしたいものです。

睡眠が不足するとCシステムが鈍る

また、合理的な判断をもたらしてくれるCシステムをうまく作動させるためには、逆にCシステムがどんなときに作動しなくなるのかを知っておくのがポイントです。

そうすれば大切な判断をするとき、絶対に失敗したくないときに、Cシステムが鈍ってしまう環境を意図的に避けることができるからです。

では、どんなときにCシステムが鈍ってしまうのか。まず注意すべきなのが「睡眠不足」です。

え、そんなこと？　と思われた方も多いかもしれません。でも、じつは**睡眠不足が意外なほどCシステムに悪影響を及ぼす**のです。

実際に、そのような実験結果がいくつか出ています。

たとえば、ある調査では、睡眠が不足しがちなグループと、十分に睡眠をとっているグループを比較したところ、驚くべき部分で違いが認められました。なんと**睡眠不足の人たちのほうが、いわゆる「ワンナイトアフェア」と呼ばれるパートナー以外との交渉が多かった**。要は浮気行動に出やすかったのです！

さらにはもう1つ、睡眠時間と食べものに関する実験があります。こちらは8日間にわたって人為的に睡眠不足にしたグループと、正常に眠らせたグループの、1日あたりのカロリー摂取量を比較したものです。それによると、**睡眠不足のグループのほうが1日あたり約500キロカロリーも多く摂取してしまった**といいます。500キロカロリーといえば、軽めのラーメン1杯分、ごはんなら茶碗で約2杯分にあたりますから、これはかなりのものですよね。

睡眠が不足することで、ふだんは働く「浮気はいけない」という自制心が鈍くなり、後先を考えずに浮気行動に出てしまう。同じように睡眠不足で「これ以上食べてはいけない」という自制心が鈍くなり、毎日ラーメン1杯分も多く食べてしまう。たかが睡眠不足とはいえ、これによって起こる〝判断ミス〟とそのマイナス効果は、イメージ以上に大きなものとなり得るのです。

睡眠不足による判断ミスといえば、わたしにも思い当たるところがあります。

わたしは麻雀《マージャン》が好きでよくやります（決して上手ではありませんが）。そこでよく起こるのが、〝明け方のありえないフリコミ〟です。

たとえば親がリーチする。対して自分の手はたいしたことない。にもかかわらず、なぜか突っぱねてしまい、結果、とんでもない点数を振り込んでしまう。ふだんなら絶対にここは降りるべきだと判断できるのに、無謀な勝負に出てしまう……。これが起こるのは、たいてい徹夜で麻雀を打ち続けたときの明け方です。

まさに睡眠不足でCシステムが利かなくなってしまったことによるマイナス例ですよね。睡眠不足、恐るべしです！（実力不足のほうはさておいて。笑）

脳のゴミのウォッシュアウトは寝ているときに行われる

また、睡眠不足は判断力を鈍らせるだけでなく、もう1つ大きな負の側面がありま す。それはなんと、**脳の細胞が死にやすくなってしまう**こと！

どんな脳細胞でも、細胞として活動するなかで必ず老廃物が発生します。ただ脳に は、その老廃物を洗い流す機能もちゃんと備わっています。だから老廃物が発生して も、溜まってしまわないようになっている。

ところが、この**ゴミを洗い流す機構は、じつは主に睡眠時に働く**のです。つまり、 睡眠が足りないと十分に洗い流すことができなくなり、脳に老廃物がどんどん溜まっ ていく。そして老廃物が溜まると脳がダメージを受けたときにリカバリーできなくな るので、脳細胞が死にやすくなってしまうというわけです。

死んでしまった細胞は復活しないのでしょうか？

一応、前頭前野と海馬《かいば》という部分では大人になった後も神経新生（神経細胞が新たに生じる現象）が起こることがわかっていますが、それ以外の部分では神経新生はまだ認められていません。それにそもそも神経新生でできた細胞が、果たして死んだ細胞の代替《だいたい》になるかというのも未だ証明されていません。

そんな側面から考えても、睡眠を十分にとっておくことは、とても大きな意義があると思います。適切な睡眠時間は諸説ありますし、個人差もあるとは思いますが、最近ではこれまでよいとされてきた「8時間」の睡眠よりも、じつは「6～7時間」くらいのほうが長期的には身体にいいという説が有力になりつつあります。

〝素敵な先延ばし〟が正しい決断を生む

睡眠不足と同様に、Cシステムを大きく鈍らせてしまうものがもう1つあります。それがご存じ**「アルコール」**です。こちらに関してはお酒をたしなむ人なら少なからず実感があるのではないでしょうか。

たとえば昼間は暴食をがまんできるのに、お酒を飲むと甘いものやラーメンが完全解禁になってしまう。お酒を飲んだときほど、いわなくてもいいことや相手に失礼な言動を口にしてしまう。酔っ払っていると、それほど必要でもないのにネット通販でものを買ってしまう。お酒の勢いで、たいして好きでもない相手と関係を結んでしまった……。

これらもまさしく、**アルコールによってCシステムが鈍り、合理的な判断ができなくなってしまった**末の結果です。これを避けるにはどうすればいいでしょうか。

一番の特効薬は、**お酒が入っているときには大切な判断を下さない**ことです。重要な判断が必要となりそうな商談や打ち合わせは、なるべくお酒の席で行うのを避ける。近ごろ、ランチミーティングなんて言葉がよく聞かれるのは、そうした意味合いもあるのでしょうね。お酒でCシステムが狂いがちな人は、これを活用するのがいいかもしれません。

どうしても**お酒の席で重要な会合をしなくてはいけない場合は、お酒を飲まない人を一緒に連れて行くのが効果的**です。その人にかなりの負担はかかってしまいますが、あらかじめお願いしておけば、あなたがお酒で誤った判断を下しそうなときにうまくブレーキをかけてくれるはずです。

もし、**お酒の席で判断を迫られたら、「うまく先延ばしする」というのも有効な一手**です。たとえば「どのプランでいくか、いま決めてもらってもいいですか？」と迫られたら、「もう少しだけよく考えたいので、その件に関しては明日、こちらからメールしますね」と答えるなど、上手に工夫してみてください。これならCシステムが弱っている状態での判断を避けることができるし、期限を決めてこちらから返事をするといっているので、相手の心証もそれほど悪くならないはずです。

そして、この「素敵な先延ばし」作戦は、お酒の場以外でもとても有効です。なぜなら、**睡眠不足やアルコール以外にもCシステムが働かなくなってしまう大きな要因が、「焦《あせ》り」**だからです。

たとえば前述のように、先方に目の前で「いま決めてください」と迫られたとき。言葉に出さなくとも、その場に「さっさと決めてほしいな」という無言の圧力がかかっている場合、あるいは返答をする期限が決まっている場合、そんなとき、人間は焦って充分に検討されていない〝とりあえず〟の決断を下してしまいがちなのです。

そこで、「素敵な先延ばし」の出番です。「持ち帰らせてください」でもいいですし、前述のように「後ほどメールします」でもOK。「慎重に判断したいと思いますので〜」「御社のことをとても大切に思っているからこそ〜」など、**〝重要だからこそ決断は先延ばしにします〟という枕詞《まくらことば》をつける**と、より心証がよくなります。

仕事ができる人ほどうまくやっているものです。まわりにもそういう人が必ずいると思いますので、ぜひ経験者の巧みな先延ばし術を取り入れてみてください。

結婚に重要なのは勢い？ それとも慎重さ？

重要な決断というと、多くの人にとって「結婚」もその1つですよね。人によっては相手の女性から「結婚するの？ しないの？」と決断を迫られる場面があるかと思います。そんな場合はどうすればいいでしょうか。

早く決めてほしいという相手の気持ちも重々わかりますが、とかく離婚率の高い昨今ですし、結婚するとなると、この先何十年も一緒にいることになります。ですから勢いで決断してしまわずに、本当にその人とずっと一緒にいられるかどうかをきちんとイメージすることが大切だと思います。何十年も毎日顔を合わせること、何十年も寝るときにいつも隣にその人がいることなどを想像してみて、果たして苦痛に思わないか。それでも大丈夫だと思ったら、そこはきっぱり決断をすべきです。

女性のほうも、そんなふうにきちんと長期的な視野に立って考えられる男性を選んだほうがよいと思います。「あなたがとにかく好きだから、いますぐ結婚したい！」と勢いで結婚するのもドラマティックで素敵ですが、それではもしかすると、今度は「あなたが嫌いになったから離婚します」ということにもなりかねないのです。

ただ、「恋は盲目」というだけあって、いったん熱くなってしまったらなかなか冷静に判断できるものではありません。そう、**恋愛こそまさにCシステムを麻痺《まひ》させる筆頭といっても過言ではない**のです。でも、恋愛の場合、必要があって麻痺させている部分もあります。いったいどういうことかって？

それは、子孫を残すためです。

詳しく説明しましょう。とりわけ女性にとっては妊娠・出産し、子育てをするというプロセスは、心身に大きな負担がかかります。だから自分の個体を守ることを考えれば、そんなことはしないほうがいいという選択になる。**Cシステムをきちんと作動させて理性的に判断してしまうと、恋愛して子どもを産んで育てようとはなかなかならない**のです。

しかし、それでは子孫が絶《た》えてしまいます。そこで、恋愛によってCシステムが麻痺するようになっている。**Cシステムが麻痺していれば、子どもを育てる際の負担も忘れて「この人の子どもが欲しい！」という気持ちになれる**というわけです。

ところが、恋愛によるCシステムの麻痺も、いつかは終わります。なぜなら、麻痺しっぱなしだと、それはそれで生きるのに支障をきたすからです。もちろん個人差はありますが、〝恋は盲目〟の期間はだいたい3年くらいだといわれます。ですので、**3年経って麻痺のタイマーが切れたときにも、結婚生活をちゃんと続けられるか**どうか。そこを結婚前にきちんと吟味することが大切だと思います。

まわりの信頼できる人に意見を聞いてみるのもいいかもしれません。はたから見て何か問題がありそうな場合は、あなたのためを思って伝えてくれるはずです。

男性でよくあるのは、女性の容姿に惹《ひ》かれて好きになるパターンですよね。でも容姿だけを見て結婚するのは、結婚を買い物にたとえれば〝損な買い物〟です。なぜなら、容姿というのが一番〝減価償却《げんかしょうきゃく》〟が激しいからです。〝メンテナンス〟をする費用もかかります。

では、逆に劣化しないものは何か。それは、その人が持つ「人柄」です。容姿ももちろん重要でしょうが、結婚生活を維持すること、生活の基盤を堅固《けんご》なものにすることを考えれば、「どんなときもこの人は僕をサポートしてくれる」とか、「何かあったときでも、この女性といると元気が出る」などと思える女性を選ぶのが、より望ましいのではないでしょうか。

もちろん、危険を顧《かえり》みずにそのときの情熱で突き進む！　という生き方もわたしはアリだと思います。古今東西の文学作品や音楽、絵画、映画などには、そういう情熱がモチーフとなってつくられた名作もたくさんあります。でも、それは文化、芸能であって、人間の生活の1つの側面でしかありません。普通は24時間ずっと、日常を何十年も生きなければならないものです。そう考えたときに、その相手が、日常を一緒に過ごしていける人なのかどうか。この視点が欠けてしまうと、もしかしたら後々大変かもしれませんよ、というお話でした。

決断力がある人は、信用できない?!

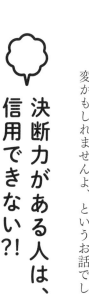

ものごとを長期的な視野に立って計算するCシステムが脳の前頭前野にあり、それがさまざまな衝動のブレーキになってくれるという話をしてきました。この前頭前野には、ほかにもブレーキ役となってくれる機能が2つほどあります。

その1つが、**「共感」することによるブレーキ**。これは前頭前野のなかでも底のほうにある「眼窩前頭皮質《がんかぜんとうひしつ》」という部分で行われます。

たとえば、ぶっそうな話ですが、ある人のことが嫌いだから殺してしまいたいという衝動に駆られたとします。そんなときに「刺されたら痛いだろうな」「血がたくさん出るだろうな」「殺されたら悔しいだろうな」といった共感性が衝動のブレーキとなってくれる。〝共感力〟が高いほど、「刺されたときの痛みを自分も感じてしまって、とても刺せない」という状態になるのです。

もう1つは、**「良心」によるブレーキ**。これは腹内側部《ふくないそくぶ》にある「内側《ないそく》前頭前野」というところで機能します。人を殺そうと情動脳が思っても、「そんなことをしてはいけないよね」という良心によってブレーキをかけるのです。

この〝良心〟や〝道徳〟の領域に関しては、フィリッパ・フットというイギリスの哲学者が考案した**「トロッコ問題」**という有名な論題があります。それは以下のような話です。

線路を走っていたトロッコが制御不能になり、猛スピードで暴走を始めた。このままでは線路上で作業している5人の作業員が逃げる間もなく確実に死んでしまう。

ところが、あなたはたまたま線路の分岐器《ぶんきき》のすぐ近くにいて、トロッコの進路を切り替えることができる。もし進路を切り替えれば5人を救うことができる。ところが、切り替えたほうの進路には別の1人の作業員がいて、切り替えればその人が確実に死ぬ。あなたならどうするか……。

こんなときに働くのが、良心の領域です。5人を助けるためにほかの1人を殺してしまっていいのか。かといって、何もしないで5人を見殺しにしてもいいのか。

こんな状況においても即断即決でスパッと決断できるような人を、あなたはどう思うでしょうか？　正直、わたしはそんな人をあまり信用できません。こんな状況でこそ深く悩んでほしいし、悩む人を信用したい。逆に決断力があるというのは、とても怖いことでもあるなと……。

思うに、戦国時代に活躍したあの織田信長は、この共感性や良心の領域がほとんど機能していなかったんじゃないかと思います。そうでないと、なかなかあそこまで思い切ったことができるものではありません。

現代でも、生まれつき共感性や良心の機能が働いていない人が一定数いるのです。パーセンテージでいうと、100人に1人くらいの割合といわれています。もっと多いと指摘する学者もいます。ただ現代の社会では、このような人は集団から弾《はじ》かれてしまうのが常です。普通にサラリーマン生活を送るだけでも、なかなか大変なのではないでしょうか。

ただ、わずかだとしてもそういう人たちが生き残っているということは、彼らが生きのびることができる状況があるということです。

では、それはどんな状況か。1つはまさに織田信長のように、自分が決定者となる場合です。これなら自分を社会から排除できる者はいない。そう考えると、現代ならそういう人は起業をしたりするのに向いているかもしれません。ただその人のもとで働いたり関わったりするのは、なかなか大変かもしれませんが……。

「直感」と「計算」は、どちらが正しいか

判断力の章の最後に、「直感」についても触れておきましょう。

よく、ものごとを決めるときは、自分の直感に従うべきだという意見があります。

この章では、脳のCシステムを使ってじっくり計算してから判断しましょうと述べてきましたが、直感で決めるというのはそれとは真逆に感じますよね。直感と計算。いったいどちらが正しい判断方法なのでしょう？


直感的に意思決定していくことを、科学の世界では「ヒューリスティックス」といいますが、わたしはこの方法も決して間違いではないと思います。さらにいうなら、人間が2つの意思決定の様式を持つ、ということは、どちらか一方だけが生存に有利な様式だったわけではない、ということになるでしょう。

たとえば何かを選ぶのにとても迷ってしまったとき。迷うということは、どちらに

もそれなりにメリットがあり、その程度が拮抗《きっこう》しているように見えるということです。そんなときこそ、直感の出番かもしれません。直感で選ぶということは、いうなれば好みで選ぶということ。どちらが後悔が少なそうかといったら、当然、「なんでかわからないけど、好み」というほうですよね。

とはいえ、直感に頼るのは、あくまで選択肢が拮抗している場合です。その前にCシステムをフル稼働させ、しっかり条件を比較・検討するようにしましょう。

LESSON

4

モテ力のしつけ方

これまでお話しした集中力、記憶力という、仕事や勉強に直結する能力もさることながら、やはり身につけられるものならぜひ身につけてみたいのが「モテ力」ですよね。

でも、そんなの、容姿や地位、経済力でだいたい決まってしまうのでは？　果たしてそうでしょうか。ちょっとまわりを見回してみてください。とくに容姿がいいわけでもなく、かといって経済力があるわけでもないのに、なぜか女性関係が切れない、あるいはなぜか女性が次々と寄ってくる。そんな人が必ず1人はいませんか？

じつは「モテ」にも脳が深く関わっています。**脳の仕組みに注目してみると、ルックスやお金といった要素以外のところで、意外な「モテ要因」があぶり出されてくる**のです。

というわけで、この章では、既婚者にも未婚者にも、パートナーがいる人にもいない人にも役立つ、脳科学的見地から見た興味深いモテ術をご紹介しましょう。

ある1人に愛されたいのか、多くの異性に好かれたいのか

質問です。あなたにとって「モテる」とはどういうことでしょうか？　もし、あなたが男性だとして、女性にこう聞かれたら、あなたはこう答えるかもしれません。

「自分が好きな人に愛されることかな」

あるいは、こう答えるでしょうか。

「やっぱり、いまのパートナーに、より愛されることだよね」

確かにこれも「モテる」ことの1つです。でも、正直なところ男性の場合それはあくまで建前で、多くの人にとって「モテる」とはこちらのほうではないでしょうか。

「万人に好意を持たれること」

このように、**「モテる」には大別すると2つの類型があります**。1つは**1人の人に長く愛され続けること**。自分が愛する相手に自分も愛してもらい、その関係を長く続

けることです。こちらを**モテパターンA**としましょう。

もう1つは、**不特定多数の相手に好かれること**です。たくさんの人と、どちらかというと短期的な関係を結ぶこと、あわよくば一夜だけの関係をたくさん持ちたいというモテ方です。こちらを**モテパターンB**としましょう。

じつはこのどちらの形でモテたいかによって、モテるための方法は大きく変わってきます。この後で順を追って説明しますが、ひと言でいってしまえば、**パターンAのほうは「誠実さをアピールすること」**。そして**パターンBのほうは「ダメ男であること」**です。男性にとっては、かなり興味深いテーマかもしれませんね。

ちなみに「モテ」というと、容姿の良し悪しが大きく影響しそうに思えますが、実際はどうなのでしょうか？

確かに男性が女性を選ぶ場合は、まずは容姿をかなり重視しますよね。女性が男性を選ぶ場合も、イケメンというのはある程度は選択に影響する要素となり得ます。

でも、その一方で、**容姿はあまりよくなくても大いにモテている男性が、世の中にはゴマンといる**のです。また、その数は、容姿がそれほどよいわけではないのにモテている女性と比べると、明らかに多い感じがしますよね。いったいなぜでしょう。

ちょっと生々しい話になってしまいますが、男性の場合、相手の女性の容姿が自分のなかの基準を満たしていなければ、物理的に性行為を行うのがかなり困難になります。対して女性の場合は、相手の容姿が好みではないからといって、性行為ができないということは物理的にはほとんどありません。

もちろん不潔だとか体臭がキツいといった生理的要因でムリ！　と思うことはありますし、「ヒゲの人が苦手」とか、「太っている人がイヤ」といった個人的好みはあります。ただ、**男性が女性を見るときほど、女性は男性の容姿を重要視していない**ことは確かです。だから、**容姿に自信がない男性でも、やり方次第でモテることは十分に可能**なのです。

結婚したいのなら〝誠実性〟をアピールせよ

まずは1人の女性に長く愛されたいというパターンAのモテ方について詳しくご説

明しましょう。結婚をしたい人、長くつき合う相手を見つけたい人、そしていまのパートナーとの仲をより深めたいという人はこちらになります。

このパターンでモテるためにとにかく大切になってくるのが、誠実性を高く保つことです。嘘は極力つかないこと。もし嘘をつかなければならない状況が生じたら、最後まで絶対に隠し通すこと。以前にいったこととといまいっていることが食い違わず、一貫性があること。そんな男性がこのパターンAではモテるのです。実際にそういった男性が女性には好感を持たれやすいという調査データもあります。

でも、女性は誠実なだけの退屈な男より、ちょっと危険でスリリングな男のほうに惹《ひ》かれたりするものなのでは？

確かにそういうケースもあります（これについてはパターンBのモテ方のところで詳しく述べます）が、**安定した結婚生活を送りたいという場合は、スリリングな振る舞いはマイナス要因**となります。それが行きすぎると、たとえ結婚してもかなり早い段階で破綻《はたん》してしまうのではないでしょうか。

では、女性は男性が誠実な人かどうかを、脳のどこで判断しているのでしょう。それは集中力の章でも登場した脳の帯状回という部分、とくに「前部帯状回（ＡＣＣ）」で行っています。ここで**ものごとの矛盾や違和感を検出することで、男性が誠実性の高い人かそうでないかを見極めている**のです。

具体的にはどんなことが検出されるのでしょう。たとえば――さっき「○○駅を出た」ってメールが来たから××分後には着いているはずなのに、おかしいな……。なんで靴下を片方だけ裏返しではいて帰ってきたんだろう……。いつもはテーブルに携帯電話を出しっぱなしなのに、なんで今日はお風呂に入るとき、ズボンのポケットにしまったの？――などなど、かなり細かいところまで前述のＡＣＣで検出しています。よく、**女性は嘘を見抜くのが上手だとか、勘が鋭いとかいいますが、それは脳の構造上、細かな違和感に気づきやすくなっているから**です。

パターンＡでモテるためには、このＡＣＣをなるべく刺激せずに安心してもらうというのが大切になってきます。では、そのためにはどうすればいいのか。

こういってしまっては身も蓋もないかもしれませんが、もっとも手っ取り早いのは、本当に誠実でいることです。この人には嘘をつかないと決めて、それを徹底する。そうして自分が「嘘をつかない人」であり、「嘘がつけない人」であることをアピールする。これが一番楽な方法です。

ただ、ちょっとした小技もあります。一度、**バレても問題のないような、わかりやすい嘘をついてみる**のです。つまみ食いを隠すとか、その程度のバレてもおおごとにならない嘘です。当然、彼女はそれを見破るでしょう。そうして、いざ**見破られたら、ちょっと大げさにあわてふためく**のです。「やべ、バレたか！　やっぱオレは嘘つけないなー」……と。

嘘をついてもすぐ見破られてしまう自分、を演出することで、あなたは彼女に〝**嘘をつけないキャラ〟として認識され、「いつでもこの人の嘘は見抜けるな」と安心してもらえる**ことでしょう。

正義感の強い人が、いつの世もモテるワケ

そしてパターンAのケースでは、**もう1つ有効なモテる方法があります。それは、正義感をアピールすること。**たとえば電車でおばあさんに席を譲ったり、落とし物を

ちゃんと交番に届けたりすることです。なぜ、そのような男性がモテるのでしょう。

進化心理学的な見方になりますが、女性の、パートナーに対する期待のなかには「子どもの命を守ってほしい」、あるいは「女性としてもっとも大変な〝子育て〟にできるかぎり関与してほしい」という要請が大きな割合を占めていると考えられます。

そして正義感が強い人＝弱者をちゃんと助ける人なら、自分が大変なときも助けてくれるはずだ。将来は子育てにもきちんと関わってくれるだろう。だからパートナーにはふさわしい。そんなふうに判断すると考えられるのです。

実際に**ある調査では、女性は男性が弱者を助けている姿を見ると、この人とつき合ってもいいなという気持ちになりやすいという結果が出ています。**

ですので、女性にモテたければ、老人にはどんどん席を譲り、困っている人には手を差し伸べてあげましょう（笑）。階段で重そうな荷物を持っている人がいたら手伝ってあげる。道に迷っている人がいたら、こちらから話しかける。酔っ払って苦しんでいる人がいたら、水を買って差し出す。

いま、自衛隊員との合コンが人気だそうですが、まさに現代日本において彼らは

「命を守ってくれる人」の代表格です。彼らが災害時などに身体を張って人々を守る姿をテレビの報道で目にされた方も多いと思います。その頼もしい姿を見て、魅力を感じない女性はほとんどいないのではないでしょうか。生物としての適応という理由が大きく関与しているために、いつの世も力強く誠実に女性を守ることができる男性が、モテる筆頭格になるのです。

"ダメ男"は万国共通で女性とセックスできやすい?!

では、パターンBのモテ方についてお話ししましょう。不特定多数の女性に好かれ、あわよくば短期の関係を次々と結びたいという人のための方法です。女性としては、何だか書いてはいけないような気がする、禁断のテーマでもありますが……。

前述の通り、その方法とはざっくりいうと「ダメ男」になることです。では、ダメ男とはどんな人のことでしょう。ここでいうダメ男とは、以下の3つの条件を満たす人のことです。

①ナルシスト的性質

まずは「自己中《ジコチュー》＝自己中心的」であること。〝自己中〟とは、ナルシスティックであることです。自分のことをイケていると思えるような人。そして**人にひどいことをされるのは許せないけれど、自分が人にするのはＯＫと思えるような人**です。

②マキャベリスト的性質

そして「嘘つき」であること。嘘つきとは、いわゆるマキャベリストのことで、**目的のためには手段を選ばない人**、何かを手に入れるために権謀術数《けんぼうじゅっすう》を繰り出す人、自分をよく見せるためには嘘を厭《いと》わない人のことです。

③サイコパス的性質

そしてさらには「スリルを求めるタイプ」であること。スリルを求める人とは、サイコパシーの性質を備える人。**衝動的にスリルを追い求める行動に出ることがあり、他人の気持ちや幸せをあまり考えないような人**です。

こう並べてみると、けっこうひどい男のように思えますが（笑）、この3要素を人格の「ダークトライアド」、いわゆる**〝暗黒の3要素〟**と呼んだりもします。

そしてなんと、あるテストでは、実際にこの3要素が高い人ほど女性と関係を結びやすいという結果が出ています。

このテストを行ったのは、アメリカ・ニューメキシコ州立大学の実験社会心理学者、ピーター・ジョナサン氏です。彼は200人の大学生に性格診断テストを受けてもらい、彼らをこの3要素の観点からランク付けし、併せてこれまでに交際した女性の人数やその期間、そして短期間の情事に関する彼らの内観など、性生活に関するアンケートも行いました。

その結果、**3要素の点数が高い男性ほど多くの女性と関係を持っていて、しかも、つかの間の関係をより好むという結果が出た**のです。

さらに、これをもっと大規模にした調査もあります。こちらを行ったのは、アメリカ・ブラッドリー大学の進化心理学者、デビッド・シュミット氏です。**彼は世界57カ国・3万5000人を対象に同じ調査を実施**しました。すると200人の大学生に行ったときとまったく同じ傾向が表れたのです。つまり、前述の**3要素が高いいわゆる「ダメ男」ほど、多くの女性と関係できる。そしてそれは特定の国や地域に限られ**

た話ではなく、万国共通であることがわかったのです。

よく、結局、女は「ダメ男」や「悪い男」に惹かれてしまうというような話を聞きますが、それが数字で実証されたというわけです。それにしても、なぜ女性は彼らを受け入れてしまうのでしょう？　次の項でそのワケを考察します。

ダメ男がモテる驚愕の理由とは？

ナルシストで嘘つきで冷酷……。女性から見れば、まさしく〝女の敵〟です。それなのに、なぜ世の中にはそんな男性を受け入れてしまう女性が多いのか。

これも考察・推測の領域にはなりますが、それは**女性も自分の遺伝子を多く残したいから**だと考えられています。

男性が自分の遺伝子を多く残すためにたくさんの女性と関係を持とうとするのと同様に、女性の脳にも自分の遺伝子をできるだけ多く残そうとする意思が組み込まれています。ただ、女性は基本的に1人ずつしか子どもを産めません。長い期間をかけても、産める子どもの数には限りがあります。

ただ、そんな女性でも自分の遺伝子をバラまく方法があります。それは、自分の子どもにバラまいてもらうこと。たとえ自分がたくさんバラまけなくても、**自分が産んだ男の子がたくさんバラまいてくれれば、効率的に自分の遺伝子をたくさん残せる**というわけです。

そして、もうおわかりでしょうが、たくさんバラまける子どもをつくるには、たくさんバラまける男性とのあいだに子どもをつくればその可能性が高くなる。だから女性は、たくさんの女性と関係を持つようなダメな男と自分も関係を持とうと思ってしまう。

ここまで読んで、「女性とセックスするならダメ男になればいいのか。それなら簡単じゃないか」と思った方も多いかもしれません。でも、**簡単そうに見えて、ダメ男になるのもけっこうハードルが高い**のです。いったいなぜでしょう。

それは、**脳にはダメ男になりすぎないように〝ブレーキ〟がついている**からです。

人間の脳には、ここまで紹介してきたダメ男のように〝自己中〟で嘘つきでスリルを追求するような行動をし始めると、次第に「オレ、本当にこんなことでいいのかな……」という感情が必ず働き出します。これをもたらすのが、脳の内側前頭前野。ここはまさに「良心の領域」といわれるとおり、**自分の行動をモニターし、人としていけないことをすると不快感をもたらすようになっている**のです。

だから、女性を騙したり、女性に心ない行動をして関係を結ぶと、いっときは快楽や優越感に浸れるでしょうが、後から必ず不安や不快感、自責の念が生じてくる。だから、普通ならそういうことを続けるのが本当に心地よいこととは思えなくなってくるものなのです。

ブレーキが一切かからず、なんの良心の呵責《かしゃく》もなく長年女性を騙し続けられるような人は、それこそ良心の領域が壊れている人＝サイコパスといえるかもしれません。

“なぜかモテる人”が必ずやっていること

冒頭でも少しお話ししましたが男性の場合、容姿以外の要因でモテるというケースは少なくありません。実際に「なんで、あんなヤツがモテてるの？」ということもよくあるのではないでしょうか。

彼らがモテている理由はいくつかあるでしょうが、じつはそんな**〝なぜかモテている人〟たちの多くが共通してやっている行動がある**のです。

これは知人から聞いた話です。会社にAさんという男性がいる。彼は決して容姿がいいわけではなく、これといってモテる要素は見当たらないが、なぜか女性の影が絶えない。社内でもよく浮名《うきな》を流している。いったいどういうカラクリなのか……。

本人の行動パターンとまわりの人からの話を総合して考えたところ、1つの結論が浮かび上がりました。それは彼が**女性の愚痴《ぐち》を聞くのを厭《いと》わない**ということ、そしてどうやらそうやって女性から職場の悩みや愚痴を聞いているうちに、ズブズブと男女の関係になっていっているようだと。

たとえば職場の同僚のB子さんから、「ちょっとAさん、聞いてくださいよ、ひどいんですよ～」と話しかけられる。じゃあ、ちょっとおでんでも食べながら話を聞こうかとなる。そしてお酒を飲みながら、AさんはB子さんの話をじっくり聞いてあげる。とはいえ、決して何かいいアドバイスをするわけでもない。たまに相槌《あいづち》を打つくらいで、後はひたすら忍耐強く聞くだけ……。こうして次第にAさんとB子さんの心の距離が縮まり、いつの間にか関係を持ってしまったというのです。

Aさんに女性が絶えないのは、まさにこれが理由でした。そう、女性の愚痴を聞くのがとても上手だったのです。

これは前述したモテ方の類型でいうと、まさしくAのパターンです。愚痴をジッと黙って聞いてくれるような人は、きっと困っている人を助ける人＝子育てをする自分を助けてくれる人だろうということで、女性に選ばれるのです。でも、人の話を聞くだけなら誰でもできるだろうって？　いえいえ、それが意外と難しいのです。

モテたいなら、ちゃんと話を聞かないほうがいい?!

実際のところ、多くの男性は人の愚痴を聞くのが得意ではないと思います。とくに相手が女性となるとなおさらです。話にオチがあるわけでもなく、しかも同じような話を何度も繰り返す……。自分から好きこのんでこれを聞きたいという男性は、かなりマゾヒスティックなのではないでしょうか。

たとえ愚痴を聞いてあげたとしても、男性はたいてい愚痴や悩みに対する〝解決策〟を提示してしまいます。すると女性のほうは「わかってくれなかった」と不満が募り、男性のほうは「聞いてやったのに、なんなんだよ」と、これまた不満が募ります。そして、結局大ゲンカ、という結末になってしまうことが少なくないのです。

基本的に、**女性はアドバイスなどまったく求めていません**。ただ、となりに誰かいてくれて、自分の不安な気持ちを受け止めてくれればいい。それが真の目的なのです。

女性同士が話すと、お互いにいいたいことだけいって、話が噛み合っていないことがよくありますよね。話を聞くほうは適当に相槌を打つだけで、たいして聞いていない。片や自分が話すときも相手がうんうんと聞いてくれさえすればいい。

だから男性が女性の話を聞くときも、その欲求を満たしてあげることが大切です。女性がいいたいことをいってくるのを、**うんうんと黙って聞いてあげる**。**あるいは聞いているフリをする**。そして何か解決策を提案したくなっても、そこはグッと我慢して、「そうか、そうなんだね」と合いの手を入れるだけにしておく。

正直、これができるようになるには、それなりのスキルが必要です。でも、もしできるようになれば、確実に女性にモテます。そういう男性は、よき家庭の大黒柱的な存在として、女性にいつまでも愛されるでしょう。

コツとしては、じっくり聞くというよりも、むしろ聞き流すくらいの感じで聞くことでしょう。ちゃんと聞いてしまうと、どうしても何か返したくなるものです。

それよりは、「そうか〜、つらい思いをしたね」「なるほどね。そんなことがあったんだ」など共感しているように見せかけられるマジックワードを駆使し、親身になっているように見せつつ、半分くらいＢＧＭのように聞くと女性の愚痴を聞くときはうまくいきます。

とまあ、女性は誰かに話を聞いてもらいたいものだというお話をしましたが、では、男性は自分の話を聞いてもらいたくないのかといったら、決してそんなことはありません。男性だって誰かに話を聞いてもらいたいに決まっています。そうでなければ、あんなにキャバクラが流行《はや》るはずがありませんよね？

ただし、男性が女性と違うのは、しゃべりたい話の内容です。**男性の場合は不安や**

悩みを話したいのではなく、大ざっぱにいうと、「オレってこんなにすごいんだよ」という心的事実を認めてもらいたいのです。

つまりは男性相手の聞き上手と女性相手の聞き上手は、同じ聞き上手でもまったくやり方が違うということです。**男性相手の聞き上手は「褒《ほ》め上手」。女性相手の聞き上手は「スルー上手」**。ぜひ、これを頭に入れておきましょう。

これができれば、誰でも100％モテる！

さらには、**「これができれば女性に100パーセント、絶対にモテる」という〝究極のモテ術〟**があります。それは何かというと、**相手の〝心の陰〟の部分にスポットを当てること**です。いったいどういうことでしょうか。

誰にも、必ず心の穴というか、心の隙間のようなものがあります。たとえば、じつは親や兄弟と微妙な軋轢《あつれき》がある、子どものころに辛い過去があった、表向きの顔とは別に違う側面がある。そんな「隠れた一面」が、誰にも必ずあるものです。

図版A ジョハリの窓

	自分は知っている	自分は知らない
他人は知っている	**開放の窓** OPEN SELF 自分も他人も知っている自己	**盲点の窓** BLIND SELF 自分は気づいていないが他人には知られている自己
他人は知らない	**秘密の窓** HIDDEN SELF 自分は知っているが他人は知らない自己	**未知の窓** UNKNOWN SELF 自分も他人も知らない自己

相手のそんな一面を言い当てる。しかも、それをあたかも「オレだけはわかってるんだよ」という体《てい》で伝える。これができれば容姿なんかはまったく関係なく、100パーセント、確実にモテます。実際にこれですごくモテている人を知っています。

それにしても、なぜ相手の隠れた一面をいい当てるだけで、そんなにモテるのか。そのカラクリをご説明しましょう。

これは**「ジョハリの窓」**(図版A)と呼ばれる理論を利用したもので、心理学者がよく使う方法でもあります。ジョハリの窓とは、「自己」を4つの領域に分けたものです。

①自分も他人もわかっている自己＝「開放の窓」
②自分にはわかっているけど他人にはわかっていない自己＝「秘密の窓」
③自分は気づいていないものの他人には知られている自己＝「盲点の窓」
④自分にも他人にもわかっていない自己＝「未知の窓」

この4つの自己を誰もが必ず抱えていて、それを図のように格子状に表したのがジョハリの窓です。ちなみに「ジョハリ」とは、これを提案したジョセフ・ルフトとハリー・インガムという2人の名前を組み合わせたもので、決してジョハリという人がいるわけではありません。

そしてこの4つの窓から**どこを言い当てればモテるかというと、それはズバリ②「秘密の窓」と、③「盲点の窓」**です！

たとえば、もし会話のなかでいきなり次のように「秘密の窓」を言い当てられたら、どう思いますか？

「いつも友達と楽しそうにワイワイしているけど、本当は人と一緒にいると疲れちゃうから、1人でいたいんでしょ？　けっこう無理してつき合ってるんだよね？」

もしこれが当たっていたら、ちょっとドキッ！　としますよね。もしかしたら、この人はわたしのことをわかってくれる人なのかもしれない、と。

「盲点の窓」のほうだったら、たとえば「○○さんはいつも仕事がバリバリできる大人の女性という感じだけど、ときどきちょっと仕草や考え方が少女っぽくてかわいい一面もあるんだね」などと指摘される。自分では気づいていなかった長所をさりげなくいわれることで、いわれてみるとそうかもな……なんで、この人にはそれがわかったんだろう？　わたしのこと、興味を持って見てくれる人なのかな、とドキドキする。

この方法をうまく使えば、相手はあなたに運命さえ感じてしまうことでしょう。

相手の〝隠された一面〟を見つけ出す方法

でも、相手の隠された一面なんて、どうやって見つけるのかって？　確かにこれは初対面でちょっと話しただけでは見つかるものではありません。かといって、当てずっぽうにいってみてなんとかなるものでもない。

その人の**隠された一面を見つけるには、会話をしながらちょっとずつ探っていくの**

が定石《じょうせき》です。予防線を張りつつ、さまざまな方面から質問をして、その返答や仕草をヒントに、ちょっとずつ核心に近づいていく。

たとえば**女性でよくあるのは、母娘関係についての心のスキマ**です。昔から母親に服装や髪型についてうるさくいわれてイヤだったとか、母親が自分より弟ばかりを甘やかしているようで、よくイラッとしたとか……。

ですので、相手の女性に子どものころの話を聞いてみるのもいいかもしれません。たとえば小さいときにどういうところに住んでいて、どんな遊びをしていたか。どんな食べ物が好きだったか。小学生時代はどんな子どもだったか。それを「ちょっと思い出話を聞かせてよ」のような感じでさりげなく聞いていくのです。

また、ジョハリの窓の②「秘密の窓」を言い当てることに近いのですが、**女性は自分だけのこだわりポイントを人にいってもらえると、すごくうれしい**ものです。

たとえば「今日はちょっと変わったコットンパールのネックレスを着けてますね。繊細な色合いが素敵です」とか、「前髪、ちょっと切りました？　なんか印象が明るくなりましたね」とか。こういわれると「この人は自分しかわからないはずのこだわりをわかってくれるんだ」と、その人のことが少し気になってしまう。少なくともその人への心証はよくなるはずです。ただ、やりすぎると「きもい」と思われてしまうので適度にバランスをとってくださいね。

これは、ちょっといいバーのバーテンダーなどが得意とするところでもあります。彼らはお客の様子をふだんからちゃんと観察していて、何か変化があったら抜け目なく見つけ出し、それを上手に伝えられます。それが仕事の1つでもあるのです。

仕事といえば、キャバクラで働くおねえさんたちも同様です。とくに指名が多い売れっ子キャバクラ嬢は、こういうことを当たり前にしているはずです。なかには、さらに一歩進んで、こんなトークができる人もいます。

「今日の赤いネクタイ、お似合いですね。この前の明るいグリーンのネクタイも素敵でした。シックなスーツに明るいタイを合わせるのがお好きなんですね」

ここまでいわれて、しかもそれが図星だったら、さすがに「おっ⁉」と思ってしまいますよね。見抜かれたか！　と。

女性にモテたければ、まさにこれを女性相手にすればいいのです。もちろん、ここまでの域に達するには、それなりの努力が必要だと思いますが。

あえて怒らせて印象を残すのも手

隠された一面を言い当てるときは、言い方も大切です。そもそも相手の心のなかにある繊細で柔らかな部分に触れるわけなので、プライドを傷つけないように丁寧に伝えないと、ドキッとさせるどころか、場合によっては相手を怒らせてしまいます。

ただ、**たとえ怒らせてしまったとしても、それもまたチャンス**になり得ます。いったいなぜでしょう。

それは**相手を怒らせることで、自分の印象を強く残せる**からです。また、**マイナスから入ることで、その後のプラスがとても目立つ**というメリットもあります。

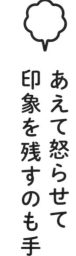

これは月9ドラマや韓流《はんりゅう》ドラマを思い出してもらうとわかりやすいかもしれません。ヒロインが主人公の男と出会うときって、不思議とマイナスイメージから入ることが多くないですか？

たとえば2人の出会い始めの場面、ちょっとした拍子にヒロインと男の手が触れ合う。すると男はこういう。「何ごとにも動じない女を装っているみたいだけど、手にすごく汗かいてるよ」。ヒロインには「なんなの？　この男は!!」という強いマイナスの印象が残る。ところがその後、何度か彼と接するうちに、じつは彼には意外とひたむきで純粋なところがあることがわかってくる。そしてヒロインが抱いていた「イヤな男」という気持ちは、いつの間にか恋心に変わっていく……。こういうのを観ると、脚本家の方は本当によく人間を見ているなあと感心してしまいます（笑）。

いずれにせよ、**印象を強く残すという点では、怒らせることも有効な手段の1つ**なのです。もちろん完全に嫌われてしまったらそこでジ・エンドなので、それには気をつけましょう。また、怒らせてしまった後は、「この前はごめん」と素直に謝り、さらにこんなふうにいうといいかもしれません。「おわびにごはんをごちそうさせてよ」と。これなら次に会う口実にもなりますね。

次に会ったときは、あなたがじつは誠実であることをきちんとアピールします。さらにここで前述した「聞き上手」になれれば、まさに鬼に金棒かもしれませんね。

最後に、相手の隠れた一面をどうしても見抜けない場合のお話です。そんなときは、**どんな人にも使えてしまう〝万能フレーズ〟を使うという奥の手**もあります。これはちょっと姑息《こそく》な手段ではあるのですが……。

たとえば、「もしかして、帰国子女？」と聞いてみる。

そこで、もし相手が運よく本当に帰国子女なら、それこそ「なんでわかったの？」と相当ビックリするはずです。「この人、なんでも見抜けるのかしら？」と。

では、もし帰国子女ではなかったら？　そんなときはこういえばいいのです。

「いや、なんか仕草や雰囲気が上品で、育ちがよさそうに感じたから……」と。こういわれたら、たとえ帰国子女ではなくても、なんか嬉しい気持ちになりますよね。

指摘が合っていても間違えていても、結果的に相手の女性を喜ばせられる。そんなフレーズをいくつか用意しておくのもいいかもしれませんね。

「セックスをすると女性は男性を好きになる」は本当？

最後は、モテとセックスの関係性についてのお話です。

よく、「女性はセックスをすると、その男性のことが好きになってしまう」といわれることがありますよね。果たしてこれ、本当なんでしょうか⁉

脳科学的に考えると、それは本当です。

まず、セックスをすると、男女ともにオーガズムにより脳の直下にある「下垂体後葉《かすいたいこうよう》」というところから「オキシトシン」という物質が脳内に分泌されます。この**オキシトシンは〝愛情ホルモン〟とも呼ばれ、相手に対する恐怖心や警戒心を解き、信頼性や絆《きずな》を深める作用がある**ことがわかっています。要は気持ちのいいセックスをすると、2人の愛情や絆が強まるのです。

さらに女性は子宮頸部に刺激を受けることで、そのオキシトシンが出やすくなるといわれています。要はたとえまだ相手のことがそれほど好きではなくても、セックスをすることで相手への愛情が大きく高まることがある。巷《ちまた》でいわれる**「セックスから始まる恋」というのは、脳科学的な見地からもごく自然にあり得る話**なのです。

だからといって、「それならまずセックスをして、自分のことを好きにさせてしまえばいい」と考えるのはどうでしょうか。人体がそういうシステムになっているからこそ、男性にはそれをきちんと理解したうえで、セックスというものの重要性や、それが女性に与える影響を考えて行動してもらいたいものです。

ちなみに、どんな男性がモテるかは、女性の生理周期によっても変わってきます。

まず、女性が排卵期前後のときは、なんと前述した「ダメ男」や「遊び人」系の男性がモテます。いったいなぜでしょう。

それはやはり、自分の遺伝子が入った子孫をたくさん残すためだと思われます。

自分の遺伝子をできるだけ多く子孫に残すためには、遊び人である男性とのあいだに遊び人の血を引いた子をつくり、その子に自分の遺伝子が入った種をバラまいてもらうのが手っ取り早いと脳が考える。だから、子どもができやすい排卵期前後は、プレイボーイタイプの男性を受け入れたくなるというわけです。

逆に排卵期以外の時期は、これも前述したような「誠実な男性」「優しい男性」に惹かれやすい。そういう男性のほうが、出産や子育てにコミットしてくれるだろうと脳が判断するからです。

これを知ったうえでどうこうという話ではないかもしれませんが、ちょっと興味深い話ではありますよね。

LESSON

5

アイデア力のしつけ方

この章では、あるとても便利な「アイデア力」をつける方法を紹介します。

でも、こんなふうに思う人が多いのではないでしょうか。

よく、右脳人間、左脳人間などというだけに、アイデア力のある・なしも生まれつきの脳の構造で決まってしまっているのではないか。直感や創造性を司るといわれる右脳の働きがもともと弱い人は、アイデア力を伸ばすにも限界があるのではないかと。

また、斬新なアイデアを生み出すような、いわゆる〝柔らかい頭〟は若いころによく機能して、年をとればとるほど衰えるといわれるから、そもそも年をとってからアイデア力を伸ばすことなど不可能なのではないか……。

ご安心ください。結論からいうと、**アイデア力は何歳になっても、いうなれば〝死ぬ直前〟まで伸ばすことができます！**

いったい、どうすれば〝右脳人間〟じゃない人でも、年をとった人でも、人がうらやむようなアイデア力・創造性を養うことができるのか。詳しくお話ししていきます。

“右脳派”“左脳派”の話に科学的根拠はありません

まずは右脳・左脳と、アイデア力との関係性です。巷ではよく人間は右脳派と左脳派に分けられ、右脳派は直感力が鋭くて感性が豊かである、左脳派は論理的思考に優れていて分析力が高いなんていわれますよね。だからいいアイデアを生み出すには、右脳派のほうが有利なのではないか、と思われるかもしれません。

でも、じつのところ、アイデア力と右脳派・左脳派はまったく関係ないのです。そもそも**右脳派が創造性が高くて左脳派が論理的というのも、じつは科学では証明されていません**。もちろんそれを信じる人は多いのですが、最近はそれを否定する研究が進んでいますし、少なくともわたしは懐疑派です。

では、そもそも右脳派・左脳派の理論はどこから生まれてきたのでしょう？　その元になっている実験があります。

かなり前のものですが、分離症患者といって、てんかんなどの発作を抑えるために右脳と左脳を結ぶ脳梁《のうりょう》を切断した人を被験者にした実験です。実験では、分離症患者さんのうち〝左脳を損傷しているけど右脳が生きている人〟と、反対に〝右脳を損傷しているけど左脳が生きている人〟の両タイプに、それぞれアルファベットが書かれた画像（図版B）を見てもらいました。その画像は図のように、小さなAの文字のドットで大きなHという文字が描かれています。

そして、それぞれの被験者に、自分が見たものを紙に描いてもらいました。すると右脳が生きている人たちは、細かなAの文字は見えないかわりに、大きなHは認識できました。一方で左脳だけが生きている人たちは、大きなHは判別できないかわりに細かなAは見えていました。

ここから、以下のことがわかりました。右脳が生きている人は、細かなディテールではなくて全体の輪郭が見える。左脳が生きている人は、全体の輪郭ではなくて細かなディテールが見える。要は右脳と左脳では、空間解像度が違う。**人間はものごとの全体を把握するのには主に右脳を使い、細部をじっくり見るのには主に左脳を使う**ということがわかったのです。

でも、そのような調査結果が出たからといって、〝全体を把握すること〟と〝創造図版B 右脳と左脳では見えるものが違う?

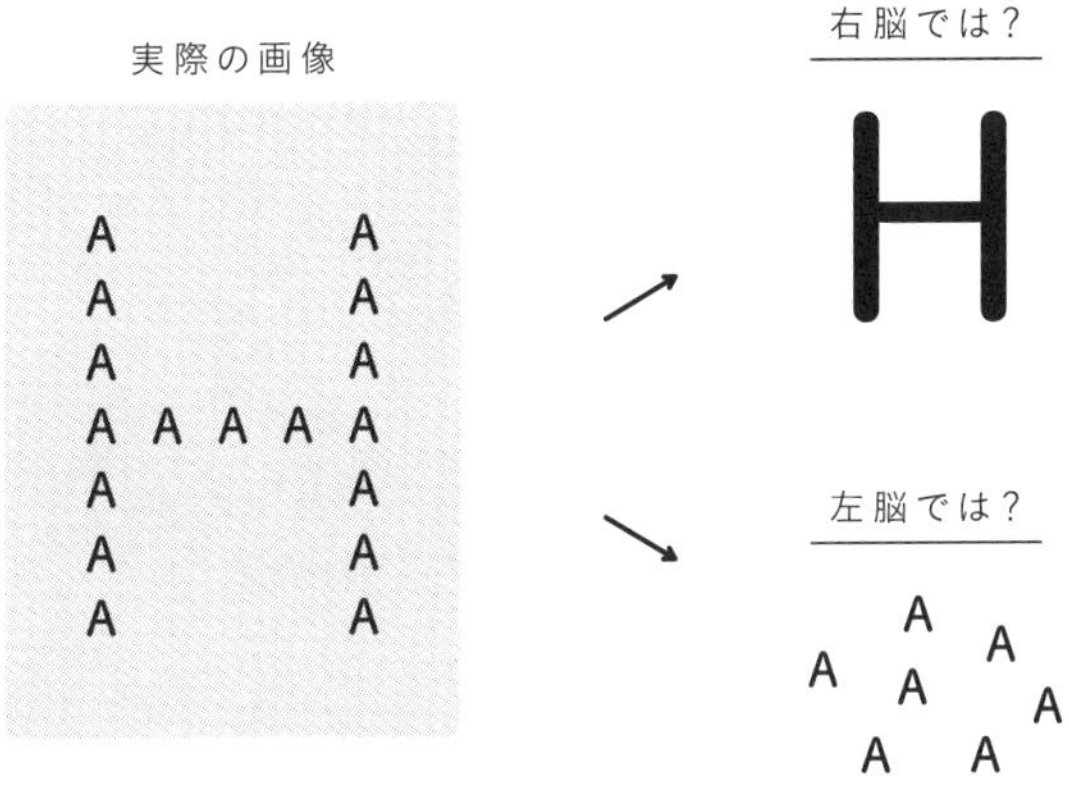

性〟を結びつけるのは飛躍しすぎではないでしょうか。同じく〝細かなところを見る〟ことと〝分析的である〟ことを結びつけるのは、言い過ぎではないでしょうか。

未だ科学ではその点が証明されていないなかでそこまで言い切ってしまうのは正直、わたしは無理があると思っています。

そもそも**右脳型か左脳型かという分類自体が、脳科学の世界では存在しません**。確かに利き手や利き目だったら右利き左利きというのがあるでしょうが、左右の脳のどちらの働きが強いかというのは確かめようがありません。

そもそも右脳のほうが優位だとか、左脳のほうが優位だというのは、どういうふうに定義すればいいのでしょう？　手を組み合わせたときに、どちらの指が上にくるかとか、腕を組んだときにどちらの腕が上にくるかといったことでわかるような単純な話ではないのです。

それを踏まえると、世の中が右脳派・左脳派の話にちょっと期待しすぎだと思います。確かにわかりやすくて面白い理論ではありますが、科学的根拠は乏しいといわざるを得ません。日本人が好きな血液型占いにも近いかもしれません。お酒の席での小ネタ程度にコミュニケーションツールの1つと割り切って利用するのであれば、確かになかなか便利なものではあるかもしれないですね。

よく、右脳を鍛えるには「右脳が司るのは体の左半分だから、左手をよく動かして右脳を刺激するといい」なんて話も聞きますが、その効果もちょっとあやしいところです。確かに、たとえば左手でピアノを繰り返し弾いたりすることで右脳の運動野は鍛えられるでしょうが、創造性が高まることとはまた別の話なのです。

新しいアイデアなんて、じつはどこにもない?!

右脳を鍛えることが創造性を高めることにはつながらないとなると、いざアイデア力を伸ばすには、いったい何をすればいいのでしょう。それを知るためには、まず「アイデア」とは何かを考える必要があります。

ちょっとビックリさせてしまうようですが、じつは〝新しいアイデア〟など、この世には存在しないでしょう。ほぼ「ゼロ」といってしまっていいと思います。

よく、打ち合わせや会議のときに面白いアイデアをポンポン出す人がいますよね。いわゆる「アイデアマン」です。彼らはあたかもその場でアイデアがパッとひらめいているように見えますが、じつはそんなふうにして出てきたアイデアなど、すでに世界中で何百人もの人が思いついているものです。世界には約70億人もの人がいて、時代をさかのぼれば、さらに多くの人が存在していました。だから、どんなに斬新なアイデアに見えても、実際はほぼ同じようなアイデアを世界中の誰かが過去に考えついている可能性が高いのです。

それは研究者の世界を見ているとよくわかります。世界の総人口に比べれば、世界の研究者の人数などごくわずかにすぎませんが、そんな**研究者が「これは世界初に違いない！」と思ったアイデアなり理論でさえ、必ずといっていいほど、すでに誰かがやっていたり、思いついたりしている**ものです。

要は人間のアイデアなんて、そんなものなのです。残念ながら人間1人が生み出せる斬新《ざんしん》さや新規性など、たかが知れているといわざるを得ません。

逆に、もし本当に世界中の誰も思いつかないようなことを思いついてしまったら、そのアイデアはきっと人の先を進みすぎていて、誰からも理解されないことでしょう。「この人は頭がおかしい」と誹謗《ひぼう》中傷され、迫害されることさえあるでしょう。そうした闘いも美しい物語の1つではありますが、おそらくこれは、読者のみなさんが目指したい〝アイデアマン〟の姿とは、ちょっと違うのではないでしょうか。

たとえ世界で初めてじゃないにしても、前述のようにアイデアをポンポン出す人は〝アイデアマン〟といわれ、〝クリエイティブな人〟とみなされます。つまり、**まった**

くの新しいアイデアでなくても、自分の周囲の人たちからは十分に斬新には見えるというわけです。

まったく新しくはないのに、なぜ斬新に見えるのか。それは現実的な方法論を使い、人々にとって理解可能なアイデアだからです。そのうえで人の半歩先くらいを行っているからです。

つまりはこういうことです。世界中で誰も思いついていない〝本当に新しいアイデア〟を生み出すのはまず不可能だし、たとえ思いついても誰も評価することができない。それなら決して真に新しいものでなくても、**みんなが理解できて人の少し先を行くアイデア**を提案するほうが、はるかに現実的だし実用性も高い。

現代の日常における〝アイデアマン〟や〝クリエイティブな人〟になるには、**人の半歩先を行くアイデア＝「無難な新規性」を提案すればいい**というわけです。

では、その〝人より半歩先を行くアイデア〟を、どのようにして生み出せばいいのでしょう？　それは**「歴史を精査する」こと**です。

詳しくお話ししましょう。前述の通り、人が頭をひねってパッとひらめいたようなことのほとんどは、過去に誰かが思いついています。その一方で、**人間が本当に欲しいものや、生きるうえで本当に必要なものは、時代を経てもそれほど大きくは変わらない。**だから、いま必要なアイデアも、必ず過去の誰かが思いついているはず。**いま起こっているのと同じような問題を、必ず過去の誰かがなんらかの形で解決している**はずなのです。

そこで非常に有効になるのが、歴史を知ることです。たとえば本を読んだり、ドキュメンタリー番組を観たり、あるいは自分がいる会社や業界の歴史を振り返って勉強することです。

考えてみてください。たとえばある人が3カ月かけてある問題について一生懸命に頭をひねった結果、1つのいいアイデアが生まれてきた。でも3カ月あれば、いったい何冊の本を読めるでしょう。そして3カ月も本を読めば、数十個はいいアイデアが見つかるはずです。そう考えると、ウンウン頭をひねって自力で斬新なアイデアを生み出すより、過去のデータからアイデアを拾ってきたほうが、はるかに効率的なのです。しかも、3カ月かけたアイデアが、過去に誰かが考えたものとほとんど同じだったとしたら……。目も当てられません。

肝心なのは、そういった過去のアイデアなり解決法を、目の前の問題と結びつけてアレンジすること。そういった柔軟性こそが、アイデア力がある人、ない人の大きな分かれ道だと思います。

実際のところ、世の中でクリエイティブといわれる人のほとんどは、意識的、無意識的にかかわらず、こうして過去のアイデアを蓄積し、それを目の前の事例にうまく当てはめることで、〝クリエイティブ〟な発想を生み出しています。いうなれば**アイデアは〝思いつくもの〟ではなく、「過去から拾ってきて応用するもの」**といえるでしょう。

〝アイデア脳〟は、死ぬ直前まで伸ばせる！

ここで、アイデアを生み出すという行為が、脳の仕組みとどのように関わっているのかにもちょっと触れておきます。これを知ることが、アイデア力を伸ばしたい人にとって、1つの大きな勇気となるのではないでしょうか……。

まずは**既存の枠にとらわれない柔軟な発想を生み出すときに必要なのが、「非言語性知能」**といわれるものです。非言語性知能とは、出会ったことのない問題に直面したときに柔軟に対応して解決する能力のこと。いわゆる〝柔らかい頭〟とか〝地頭《じあたま》〟と呼ばれるものですね。これは生まれつきおおよその能力値は決まってしまうため、その後は伸ばすのが難しいといわれています。

しかも、この**非言語性知能、じつは20歳ごろにピークを迎え、その後は年齢とともにどんどん衰えていきます。**ということは、斬新なアイデアを生み出す能力は若いうちが華《はな》で、年をとったらもう伸ばしようがないのでしょうか？

いえいえ、ご安心ください。じつはこの非言語性知能は、どちらかというと先ほどお話しした〝まだ誰も思いついていない新しいアイデア〟のような、人の3歩も4歩も先を行く発想を生み出す能力です。でも、前述の通り現代の世では、そのようなアイデアを生み出そうとすることにあまりメリットはありません。

ちなみに世界で上位2パーセントのＩＱ所有者のみが入会できる「ＭＥＮＳＡ《メンサ》」という非営利団体は、入会にはこの非言語性知能がとても重視されています。はじめにＩＱテストのようなものを受けるのですが、これがとくに非言語性知能の高さを測る内容になっているのです。だから結果的にＭＥＮＳＡには、非言語性知能が高い人ばかりが集まっているといえます。

そこで１ついえるのが、**非言語性知能の高さと人生で成功できるかどうかはまったく関係がない**ということです。わたしがこんなことをいうのもどうかとは思いますが、実際のところＭＥＮＳＡの会員には仕事が全然できない人や、いい年をしてニートのような生活をしている人、社会にうまく適合できない人など、いわゆる〝うだつが上がらない人〟が山ほどいます。

たとえ非言語性知能が高くても、生きるうえではたいして役に立たないのです。もしかすると、非言語性知能が高いことの人生における重要度は、たとえばスプーン曲げができることと同じ程度かもしれません。ちょっとした特技ではあるけど、生きるにはほとんど役に立たないという。

だから、よくあるＩＱテストや知能テストができないからといって、なんの問題もありません。生きるうえでそれよりも大切な能力は、ほかにいくらでもあるのです。

では、肝心の、前の項で登場した**「過去の歴史やデータを蓄積し、それを目の前の**

問題に応用する」という行為は、どんな知能なのでしょう。こちらは先ほどの非言語性知能に対し、**「言語性知能」**と呼ばれます。

言語性知能というのは、すごく大ざっぱにいうと、脳の「側頭葉《そくとうよう》」という部分にたまっていく記憶のことです。側頭葉には記憶のデータベースのようなものがあって、そこに本を読んだり人から学んだりして得た言語的あるいは経験的なデータが積み上げられる。それは単純に人の名前といったものから、こういう状況のときはこういうふうにすればいいといったパターン的なものまでを含みます。

そのデータベースをうまく使いこなすのが、前頭前皮質にある背外側部《はいがいそくぶ》という部分です。ここで、あるアイデアとあるアイデアを比較して損か得かを合理的に計算し、取捨選択をしていきます。

そして、この**「言語性知能」のほうは非言語性知能と違い、年齢を重ねてもどんどん伸ばしていくことができる**のです！　〝記憶のデータベース〟を増やしていくことで、より高い能力を発揮できるのです。

そう考えると、やはりアイデア力を伸ばすには、あっても大して役に立たないうえ、年をとってからではどうしようもない非言語性知能より、効率的にいいアイデアを生み出すことができ、年をとってからでも伸ばせる言語性知能のほうが、はるかに重要なのです。

もちろん、本や映画から得たデータをデータベースに積み上げていく力、要は学習能力にも個人差はあります。だから学習が早い人と遅い人を比べたら、決してスタートラインは一緒ではありません。でも、どちらの人でも、学習や経験によって何歳からでもアイデア力を伸ばしていけることは確かなのです。

よく、おじいさんやおばあさんの知識量は図書館一館分の本に相当するなどといわれますが、ということは、まさに**記憶のデータベースが最大になる〝死ぬ直前〟こそが、もっともアイデア力が高い瞬間なのかも**しれませんね。

アイデアの源＝データベースを増やす方法

では、記憶のデータベースは、具体的にどんなことをして増やせばいいのでしょう。ここからは、そんな「アイデアの源」を得るための方法を紹介していきます。

まずは**とても手軽に、しかも楽しみながらできるのが、物語からアイデアの源を得る方法**です。なかでも歴史小説はアイデアの宝庫といえます。たとえば有名どころだと司馬遼太郎さんや、吉川英治さん、鶴見祐輔さんなどの小説です。

これらを読んで、そこに出てくる奇想天外な発想や問題解決法を、たとえば会社の販路拡大のアイデアに繋げてみるとか。最近の人はあまり読まないかもしれませんが、**「孫子《そんし》の兵法《へいほう》」なんかも言語性知能を伸ばすには持ってこい**ですし、これが読んでみると、なかなか面白かったりするのです。

こういった乱世の時代や争いをテーマにした物語は、生きるか死ぬかの世界なので、そこには現代の人が思いつかないような奇策や妙案が次々と登場してきます。

もちろん歴史系以外の小説にも、アイデアの源は落ちています。たとえばミステリー小説からは、さまざまな謎やトリックに触れることで人がどんなときに騙されやすいか、どう演出するのが効果的かといった人間心理を学ぶことができます。これを商品のデザインやマーケティングにうまく活用するのもいいかもしれません。

いずれにせよ、**文字によって情報が凝縮されていて知識を効率的に得られる「本」は、言語性知能を高めるのにとても有効**です。積極的に摂取したいものです。

それならウェブの情報でもいいのでは？　と思うかもしれません。確かにウェブにも効率よく知識を得られる優れたページはたくさんあります。ただ、その半面、書籍に比べると発信者が明確でないなど、信頼性を欠いたメディアが多いのも事実です。

とくに目につくのは、見出しだけセンセーショナルで、中身がともなっていないものや、話題性を高める演出や誇張によって真実とはいえなくなってしまったような内容のもの。せっかく貴重な時間を使うのですから、情報を摂取するときは、できるだけ信頼できるメディアからにしたいものです。

物語から学ぶということでいえば、本以外でも映画やテレビ番組からも有用なデータが得られます。たとえば、かつてＮＨＫで放映されていたドキュメンタリー番組『プロジェクトＸ』を観れば、ビジネスを成功に導いた思わぬ発想や、壁を突破するための奇策に多く触れられます。現在『プロジェクトＸ』はＤＶＤで視聴が可能なようです。

同じ歴史を学ぶにしても、**もっと仕事に直接関わりのある歴史から学ぶ方法**もあります。

たとえばプレゼンで使ったパワーポイントのデータです。いまはそういったデータが社内でシェアされていることも多いのでそれを利用してもいいですし、仕事仲間や友人から成功したプレゼンのパワポデータを見せてもらうのもいいかもしれません。そこにはきっとプレゼンを成功に導いた素敵なアイデアが見出せるはずです。

また、プレゼンといえば、プレゼンの世界的な見本市といえる**「TEDカンファレンス」の動画**を観てみるのもいいでしょう。人の心を動かす話し方や話の構成など、プレゼンに応用できるアイデアがゴロゴロ落ちているはずです。TEDの動画は「デジタルキャスト」というサイトで、日本語字幕付きの無料動画をまとめて観ることができます。

また、ちょっと面白いところでいえば、テレビでお笑い芸人さんがプレゼン的に何かを紹介しているところもなかなか参考になります。たとえば『アメトーーク！』で誰かがその日のテーマに沿った面白いネタを紹介しているところをじっくり観てみるとか。わたしがとてもプレゼン能力が高いなと思うのが、オリエンタルラジオの中田敦彦さんです。とくに彼が出演する『しくじり先生 俺みたいになるな!!』などは、プレゼンスキルを学ぶのにうってつけかもしれません。

歴史を精査するということで、**いまいる会社の歴史やライバル会社の歴史を勉強してみるのも1つの手**です。たとえばメーカー勤務の人なら、これまでに自社が売り出した商品をゴッソリ洗い出し、1つ1つがどういう経緯で生まれ、どんな結果をもたらしたのかをじっくり調べる。雑誌づくりに携わる人なら、その雑誌のバックナンバーをじっくり読み込んでみる。これまでは古すぎてスルーしていたようなものにもしっかり目を通したいところです。

会社の歴史そのものを学んでみるのもいいかもしれません。誰によってどんな経緯で会社が興《おこ》り、これまでにどんな勃興《ぼっこう》があって、どんな人物がいたのか。ちゃんと資料としてまとまっていなければ、この機会に会社の重鎮や古株社員など、会社の歴史をよく知る人に教えを請《こ》うてみてはいかがでしょう。会社の貴重な歴史を知ることができると同時に、ふだんはなかなか交わらない人との距離もグッと縮められるかもしれませんね。

また、会社員は会社に属している以上、どうしてもお客さんやクライアントよりもまずは上司に気に入られるアイデアを出すという使命があります。そのためには、**判断を下す上司がどういうアイデアを気に入るかを調査することも大切**になってきます。まわりの社員に聞くもよし、本人に聞くもよし。この機会に上司のこれまでの経歴や人となりをじっくり洗い直してみてはいかがでしょう。

アイデアを学ぶための「コピー」のススメ

よいアイデアを生むには、「コピーする」ことも非常に有効です。コピーとはいったいどういうことでしょうか。

コピーというと、ちょっと前に博士論文や卒論をよそからコピー＆ペーストして提出した件が話題となりました。最近ではオリンピックの公式エンブレムを発端として、デザインをコピーしたかどうかが大きな話題となりました。でも、これからお話しするコピーは、これらとは少し事情が違います。いうなれば〝**アイデアを学ぶためのコピー**〟です。

たとえば同じように論文をコピーするにしても、コピペするのではなく、自分の手を使って文章を書き写す。こうすることで、**先人たちが築いてきた論文の作法や論理**

構成を学ぶことができるのです。

よく、文章を書く職業の人も、好きな作家の文章をそのまま書き写したりしますよね。あれも、たとえば最初に結論を書き、その後で詳細を述べていく、といった構成手法や、効果的な言葉使いなどを学ぶのに「コピー」がうってつけだからです。もちろん、コピーしたものを提出したり発表したりしてはいけません。

そもそも、わたしたちがいま使っている言葉自体が、決して自分が編み出したアイデアではありませんよね。お母さんがしゃべっているのを耳で聞き、それを真似していつの間にか話せるようになったものです。このように**人間の脳は、何かを模倣《もほう》することで新しいことを身につけるというのが基本プロセスとなっている**ので、**新しいアイデアを生むにも〝真似〟から入るのが王道**なのです。

だから、もし斬新なプレゼンをしたいのなら、仕事ができる先輩の企画書を借りてきて書き写してみる。文章を書き写すのは楽な作業ではありませんが、いざ書き写してみると、読むだけでは気づかないような思考法やリズムに気づけるでしょう。

あるいは自分にはない新しいスピーチや発表の仕方を学びたいなら、スピーチが上手な人の動画を見つけて、自分もその人と同じように全文を発声してみるのもいいかもしれません。

もし、ものを売る仕事に携わっているのなら、繁盛しているお店のポップを書き写してみる。よいキャッチコピーを生む方法を学びたいなら、過去の名コピーといわれるものを何個も書き写してみる。新聞や雑誌、書籍に関わる仕事なら、過去の「見出し」を何個も書き写してみるのもいいでしょう。実際に書いてみることで、自分にはない発想や言葉遣いに気づけること請け合いです。

見出しといえば、その真偽はさておき、人の目を惹くという点では東京スポーツ＝東スポの見出しは毎回すごいですよね。ちょっと性的な内容を匂わせたり、「仰天《ぎょうてん》」とか「電撃」といったセンセーショナルな単語を使ったり、後は「なんでやねん！」とか、「オマエがいうな！」などと突っ込みたくなるような言い回し……。毎回手を替え品を替え、よくアイデアが出るよなあと感心してしまいます。

ただ、これも我々が東スポのつくり手のような思考回路を積んでいないためにすごいと思うだけであって、その思考回路さえできてしまえば、同じような見出しを生み出すのも可能となるでしょう。それには、ウンウンとひたすら頭をひねって考えるよりも、その見出しを何十個、何百個と書き写して、それをつくった人の気持ちになるのが手っ取り早いのです。

たとえ時代は変わっても、人の心を動かすもの、人の目を惹くものの本質は変わりません。東スポをコピーしてくださいというわけでは決してありませんが、**ときには何かを愚直にコピーすることで、先人たちが編み出したよい知恵やアイデアを自分のものにしてみる**と、きっとそこには労力以上の効果があるはずです。

アイデア力は「実行力」に等しい！

じつはアイデア力を身につけるには、もう1つ非常に重要なことがあります。

それは何かというと、**「実行力」**です。

多くの人は、たとえアイデアマンといわれるような人でなくても、いいアイデア自体は頭の中にしょっちゅう降りてきているものです。でも、アイデアを思いついただけで、それを実行しなかったり、発言しなかったりする。だから結局、アイデアを生み出していないのと一緒になってしまう。

要は**アイデアマンか否かの分かれ道は、自分が思いついたアイデアを信じ、実際に行動に起こすかどうかにかかっている**といっても過言ではないのです。

では、多くの人は、なぜ、せっかく思いついたアイデアを行動に移せないのでしょう。

それは、心の中で**ブレーキがかかってしまうから**です。そしてたいていの場合、**ブレーキの原因となっているのは、恐怖心**です。自分にはとてもできないんじゃないか。こんなことをいったらバカにされるんじゃないか。そんな気持ちが邪魔をして、せっかく思いついたアイデアを無意識のうちに〝なかったもの〟としてしまうのです。いったいどうすれば、アイデアを行動に移せるようになるのでしょう。

それには、**自分をきちんと「客観視」することが必要**になってきます。

たとえば、いま営業職に就いている人が、企画の〝アイデア〟を思いついたとします。とはいえ、それを実行するには会社に部署異動を願い出るか転職するかしなくてはいけないので、おいそれとはできません。

こうした場合は、自分がよりよい結果を残すにはどうすればよいかをできるだけ定量的《ていりょうてき》に判断します。あるいは、同僚や友人に相談し、率直な意見をいってもらいます。

その結果、やはり自分は企画の仕事が向いていると客観的に判断できたら、彼は心の〝ブレーキ〟を外し、いざアイデアを実行すべく動き出すことができるでしょう。

このように**自分の思考や行動を客観的に認識することを、脳科学の世界では「メタ認知」と呼びます。**思いついたアイデアをいざ実行するときは、このメタ認知をきちんとできるかどうかが大きなカギとなってきます。

一方、会議やミーティングでは、せっかくよさそうなアイデアが頭に浮かんだのに、「いや、待てよ、見当違いな意見だったら恥ずかしいな」「みんなの目の前で誰かに思いっ切り否定されたらどうしよう」などというブレーキがかかり、結局はいわずじまいということも多いのではないでしょうか。そして、そういうときにかぎって、ほかの誰かが同じ意見を発表し、それがあっさり通ってしまったり……。

これを防ぐには、**心に降りてきたアイデアはダメ元でもいいから、まずは口に出してみることが大切**になってきます。万が一それが見当違いだとしても、意外とまわりは自分が思うほどアナタのことを考えていません。だから、たいていは「あいつ、バカだな」などとは思われていないものです。また、たとえ誰かに否定されても、そこから建設的な話し合いが進むかもしれないし、それがきっかけであなたは今度は本当によいアイデアを思いつくかもしれません。だから**アイデアを実際に口に出していってみるという行為には、じつは失うものはほとんどない**のです。

アイデアが受け入れられる環境をつくる＝根回しも大切

アイデアを口に出していうときは、言い方やその人のバックボーンによって受け手の印象が大きく変わってきます。

たとえば東大出身の人が何か発言したとしましょう。聞き手にはどうしても「あいつ、なんだかんだいって東大出で、頭が切れるんだよなー」というバイアスがかかりがちです。さらに本人的にも東大出身であることの自負からか、妙に自信のある口調になったりする。

その結果、それが突飛なアイデアであってもまわりは否定せず、不思議と「なるほどねー」と納得してしまったりする。本来は出身大学によって頭の性質の差なんてほとんどないのに、こういった学歴による裏打ちが積み重なることで、長い目で見ると

社会的なポジションまでもが変わってきてしまうことがあります。

これは悲しい例ではあるのですが、ここから得られる教訓もあります。これだけで聞き手の心証は大きく変わります。実際に同じアイデアでも、自信がなさそうにオドオドといわれるより、堂々とした態度で言い切られるほうが、明らかに納得度は高いですよね。

アイデアを発表するときは、自信を持って発言すること。

もう1つは、**自分のアイデアを聞き入れてもらいやすい環境をつくること**です。

たとえば自分が得意な分野や好きなことを、ふだんからまわりにアピールしておくとか。あるいはなるべくリラックスして発言できるように、日ごろからまわりとのコミュニケーションを深めておくとか。そういった**ふだんからのちょっとした「根回し」が、いざというときの発言の納得度を大きく高めてくれる**のです。

そう考えると、**よいアイデアが生み出されるためには、聞き手の「聞き方」も重要**になってきます。

まわりを見渡してみても、「なんか、この人としゃべっているといいアイデアが降りてくるんだよな」という人と、逆に「この人の前だと、なんか縮こまっちゃって、ろくに発言できないんだよな……」という人の両タイプがいませんか？

もし、あなたがアイデアを聞く側で、相手からできるだけよいアイデアを引き出したいときは、どんなふうに対応すればいいでしょう。

その際にぜひ心がけたいのが、**「Yes But」**です。

まずは相手がアイデアを出したときは、決して「つまらない」などと否定せず、いったん受け入れてあげます。そのうえで、さらにアイデアをうながすのです。

「それはなかなか面白いね。でも、君ならもうひと声、何か出てくるんじゃない？」といった感じです。こうして相手を緊張状態から解放し、リラックスした状態にすることで、相手からの「じつは前から温めていた、こんなアイデアもありまして……」という発言も出やすくなるのです。

アイデアが次から次へと出てくる脳への仕掛け

いいアイデアを生み出すことはもちろんですが、1つ求められただけでアイデアが次から次へとポンポン出てくる。これもアイデアマンといわれる人の特徴ですよね。

実際のところ、前述のように歴史を精査することで得たアイデアを脳の側頭葉にデータベースとして蓄積しても、それをいざ必要なときに使えなければなんの意味もありません。でも現実は、いざというときに限って、「あれ、なんかいい案があるはずなのに、思い出せない！」「なんだっけ、あの名前……」となって、結局アイデアを披露《ひろう》できずに終わってしまうことも多いですよね。

データベースにあるアイデアを必要なときに引き出したり、あわよくば次から次へとアイデアをマシンガンのように繰り出せるようになるにはどうすればいいのでしょうか。

それはひとえに、**「アイデアをしょっちゅう使っておくこと」**です。

たとえば本棚でも、ふだんからよく見る本は、必要なときにサッと取り出せます。一方でふだん使わない本は、本棚にあることはわかっても、すぐには取り出せませんよね。それと一緒で、アイデアのデータベースも、**ふだんからよく使っているものはいつでもサッと思い出せる**半面、使っていないとどんどん思い出しにくくなっていきます。

では、データベースのデータを頻繁に使い、いつでも思い出せる状態にするには、具体的にどうすればいいのでしょう。アイデアの源となる小説やDVDをしょっちゅう見返せばいいのでしょうか？　それも悪くはありませんが、**もっと効果的な方法があります。それは、「よく人に話すこと」**です。

たとえば小説を読んで、これは使える！　と思うネタがあったら、すぐにパートナーに話してみる。仕事で先輩から有用な話を聞いたら、すぐに仲のいい同期に同じ話を聞かせる。このように、**いいアイデアの源となる話や知識が見つかるたびに、相手を喜ばせる意味も込めて、それを人に話す**のです。とくに重要そうなネタは、相手を変えて繰り返し話せば、いざというときにより引き出しやすくなります。

人に話すには、積極的に人と食事に行ったり飲みに行くことも重要でしょうが、何よりもありがたいのは、どんな話でもちゃんと聞いてくれるパートナーや親友の存在です。この機会に、身近なそういう人の存在の大切さを再確認するのもいいかもしれませんね。

LESSON

6

努力のしつけ方

「努力」と聞くと、多くの方が尊《とうと》いもの、美しいもの、素晴らしいものといったポジティブな印象を抱くのではないでしょうか。確かに努力を積み重ねることで、できなかったことができるようになったり、夢が叶ったりすることもあるでしょう。また、がんばったという行為そのものを人から評価されることもあるでしょう。

ただ、とても残念なことをお伝えしておかなくてはいけません。それは、**世の中には「生まれつき努力できる人」がいる一方で、「生まれつき努力できない人」もいる**こと。**努力できることは「才能」**といえるのです。ということは、生まれつき努力できない人は、努力する力を伸ばそうと思ってもかなわないのでしょうか？

いえ、決してそんなことはありません。たとえ努力できない人でも、脳をうまく騙して努力のスイッチを入れることはできます。また、努力できない人は、努力できない人しか進めない素晴らしい道を追求するという方法もあります。

この章では「努力＝気合や根性」という観点とはひと味違う、**脳科学的視点から見た〝努力論〟**をご紹介します。

「努力できること」は、生まれつきの才能である！

「努力することがどうも苦手で……」と悩んでいる人はきっと多いでしょう。一方で、こういう人もいるかと思います。

「努力すれば、なんでもできるんだよ。現に自分がそうだったから」と。

ただ、そんなふうにおっしゃる方は、1つ重要なことを見逃しています。それは、自分が「努力できる才能」にたまたま恵まれていたということです。

じつはさまざまな研究により、**人が努力できるかどうかの多くは、「生まれつきの才能」で決まってしまう**ことがわかっています。つまりは努力する才能に恵まれた人もいれば、努力する才能に恵まれない人もいるというわけです。

まずはその研究のいくつかをご紹介しましょう。

アメリカ・テネシー州のヴァンダービルト大学の研究チームが行った実験です。この実験では、25人の被験者にあるタスクを行ってもらい、そのときに起こる脳の変化をPETスキャンという機械を使ってモニタリングしました。そのタスクというのは、利き手ではないほうの手の小指を使い、21秒間に100回ボタンを押すというものでした。

こう書くと単なる地味で単調な作業に思えますが、試しに一度やってみてください。うまく動かせなくてイライラしたり、だんだん手が痛くなってきたりで、これが想像以上に苦痛な作業なのです。被験者には、タスクをやり遂げた場合には報酬が与えられることが告げられていました。

苦痛をともなうタスクですから、最後まで懸命にやり切る人と、途中で投げ出すかズルをする人の両者に分かれました。そしてその両者の脳の動きを比べてみると……。大きな違いがあったのは全部で3カ所でした。1つ目は、左側の「線条体《せんじょうたい》」。快楽を感じるために重要となる脳の「報酬系《ほうしゅうけい》」の一部です。2つ目は、前頭前皮質にある「腹内側部《ふくないそくぶ》」というところ。最後までタスクを真面目にやり切った人、つまり努力できた人は、この2カ所が活発に働いていたのです。逆に途中でやめてしまった人、つまり努力できなかった人は、この2カ所の機能が高くありませんでした。

そしてさらにもう1カ所の違いが、「島皮質《とうひしつ》」という部分でした。こちらは努力できなかった人のほうが働きが強く、努力できた人の働きは弱いものでした。

これがどういうことを示唆《しさ》しているのでしょう。まず努力できる人は、線条体や腹内側部が「これをやったら、〇〇ドルが手に入る」といった**「報酬予測」を働きかけることで、脳内で多くの快楽を得ている**ことがわかりました。それが努力をすることの推進力になっていたのです。

一方、**努力できない人は、そういった報酬予測の機能があまり働かない**代わりに、ものごとの損得勘定を計算する島皮質の働きにより、「そんな努力を続けても損じゃない？」「ムダだからやめようよ」といった**ブレーキがかかっている**ことがわかりました。いうなれば悪魔のささやきのようなものですね。

まとめると、何かを行うことで生じる報酬や成果を感じる脳の機能が高く、かつ損得を冷静に計算する機能が鈍い人こそが「努力できる人」。逆に何かを行うことで生じる報酬や成果を感じる脳の機能が弱く、損得を冷静に計算できる人が「努力できない人」といえます。

つまり、**努力できるかできないかは、本人のがんばりというよりも、脳の構造の違**

いによるところが大きいことがわかったのです。

また、アメリカ・ミシガン州立大学で行われた研究では、こんな調査結果も出ています。遺伝子がまったく同じ一卵性双生児と、遺伝子の半分を共有する二卵性双生児の計850組を比べたところ、努力できるタイプかできないタイプかは、一卵性双生児同士のほうが一致している割合が高いことがわかりました。つまり、努力する才能は遺伝の影響を大きく受けていることがわかったのです。

一方、コンサートで生計を立てられるような**エリート音楽家と普通の音楽家を被験者とし、両者のあいだで何が違うのか**を調べた研究もあります。その結果、ある項目が大きく違うことがわかりました。**それは「練習時間」**でした。エリート音楽家は20歳までに平均約1万時間を練習に費やすのに対し、普通の音楽家はそれより数千時間も少なかったのです。

これらの調査を併せて、研究チームはこう結論づけました。

「優れた音楽家は、技能を獲得するために必要な長時間の練習ができるよう、あらかじめ遺伝子にプログラミングされている」と。要は、いままでは優れた音楽家になるには、音楽の才能に加えて多大な努力が必要だと考えられていましたが、**そもそもその努力すること自体が、生まれ持っての才能によるところが大きい**というわけです。

よく、テレビでスポーツ選手や音楽家がものすごいトレーニングを歯を食いしばって必死にこなしている姿を見ますよね。わたしたちはそれを見て、こんなふうに思います。「あっ、一流と呼ばれる人たちは、ここまで自分を追い込んで日々努力を積み重ねているんだ」と。でも努力という行為の本質をつかむには、もう一歩踏み込んで考える必要があります。**「なぜ、彼らは、あんなにがんばれるのか」**と。

そして前述のような脳の研究から、それはどうやら気合や根性だけでは語れないようだということがわかってきました。いえ、たとえ気合や根性だとしても、それを出せる脳と出せない脳があると。

だから、もしあなたが1日だけ一流スポーツ選手や一流音楽家に成り代わることができたら、こう感じるのではないでしょうか。「あれっ、思ったほどトレーニングって苦しくないいんだな」。あるいは「あれっ、こうやって努力するのって、意外と楽しいんだな」と。

もちろん、彼らにしたら「何いってんだ。こっちは死ぬ気で努力しているんだよ」

と思うかもしれません。でも、おそらくその苦しさは、努力できない人に比べて軽微なものなのではないでしょうか。**努力する才能に恵まれた人とは**、そんなふうに多大な努力をそれほど苦と思わずにできる人、**努力をうまく楽しみや快感に変換できる人**なのではないでしょうか。それはまさしく**「努力遺伝子」**といってもいいかもしれません。

そして、裏を返せば、こんなふうに考えることもできます。自分が**努力できないのは決してダメ人間だからではなく、脳の構造がそうなっているから**だと。だから自己嫌悪に陥る必要はないんだと。

まさにその通りだと思います。この話については、後でより詳しく述べますので、少々お待ちくださいね。

努力するに値するもの、値しないもの

努力できることは生まれつきの才能であるということを述べましたが、そもそも世

の中には努力が実りやすいものと、実りにくいものがあります。つまりは**努力すればそれなりにリターンが期待できるものがある半面、努力がムダ骨になりがちなものも少なくない**というわけです。

努力が実りやすいものとは、どんなものでしょうか。まず挙げられるのが、**楽器の習得**です。前述したように、優れた音楽家と普通の音楽家では、練習時間が大きく違うという研究結果が出ています。つまり、楽器は練習すればするほど、その努力が成果として表れやすいということがいえます。

これと同じように、**語学の習得**もまさに努力が身を結びやすい分野といえます。単語を覚えるにも、きちんと話せるようになるにも、反復学習が非常に大きくものをいってくるからです。

ほかにも球技をはじめとする**運動技能の習得**や**受験勉強**、意外なところでは**絵を描く技術**なども、努力で伸びる分野として挙げられます。

では、**努力しても実を結びにくいもの**とは、いったいどんなものでしょうか。当然ながら背の高さや顔の造形はほぼ100パーセント遺伝で決まるといっていいので、努力でどうこうできるものではありません。

また、先ほど努力できるものに運動技能を挙げましたが、同じ運動でも**足の速さや跳躍力、肩の強さなどは、努力ではなかなか大きく高めることは難しい**でしょう。最近話題になっている、16歳で世界陸上に出場して活躍したサニブラウン選手なんかは、まさに生まれつき才能に恵まれたといっていいでしょう。もちろん、もしかしたらすごい努力をしているかもしれませんが、たとえばわたしと同じ肉体を持っている人がどんなに努力をしても、あんなふうには絶対なれませんよね。

男性でいうと、薄毛も努力がなかなか及びにくいところかもしれません。生活習慣や治療薬で改善できないことはないかもしれませんが、遺伝的要因が多く占めるといわれています。このように**身体的特徴に関しては遺伝的要因が高いため、ほとんどのものが努力が及びにくい**といえます。

ただ、身体的特徴でなくても、**努力が及びにくいもの**はあります。たとえば**数学力**。これまで私が目にしてきた多くの数学者は、努力で数学的能力が高くなったというよりも、やはり生まれつき能力が高いな、という人ばかりでした。これに関しては生まれ持っての才能がないと、努力ではとても追いつけない気がします。

また、いわゆる**「性的指向」に関しても、一般的には努力が及ばない**ものとされています。ある研究では、**人間の遺伝子にはその人の性的方向性を決定するタンパク質が存在する**ことが明らかになっています。また、米国心理学会や米国精神医学界などは「人間の性的指向は遺伝的要因と、初期の子宮環境による複雑な相互作用によって決定される。したがって性的指向は後天的に選択できるものではない」という結論を出しています。

これを踏まえれば、性的指向は生まれつき持って生まれたものといえます。その性的指向に目覚めるための環境や機会が必要な場合もありますが、そもそもその性的指向の因子を持っていなければ、いくら環境が整っても目覚めることはありません。つまり、努力で性的指向を変えるというのは、基本的に不可能なのです。

確かに容姿や足の速さといった身体的特徴は、いかにも持って生まれたものとわかるので、努力で改善しようとはなかなか思いません。それに対して目には見えない才能や精神的な部分に関しては、人はどうしても「努力でなんとかなるのでは？」と思いがちです。ところが実際は、たとえ身体的特徴以外のところでも努力が及ばないものは数多くあるのです。

でも、そんなことをいってしまったら、エジソンのあの有名な言葉はどうなるのでしょう？

「天才とは、１パーセントのひらめきと99パーセントの努力である」

多くの人が、この言葉をこんなふうに解釈しているのではないでしょうか。天才と呼ばれる人は、じつは多大な努力をすることで〝天才〟になったにすぎない。だから少しの才能さえあれば、努力次第で誰でも天才になれるのだと。

でも、じつはエジソンの真意はそれとはまったく別のところにあったといいます。エジソンがいいたかったのは、こういうことだったようです。

「99パーセント努力しても、１パーセントのひらめきがなければムダになる」と。

有名な人がいった言葉が伝えられていくうちに都合のいい解釈に変わっていくことはよくありますが、これほど誤解されている名言も珍しいのではないでしょうか。

また、よく「努力は報われる」などといわれたりしますよね。とくに成功した人たちの体験本や自己啓発本などで、そういった言葉がよく出てきます。確かにそういう言葉から勇気をもらったり前向きな気持ちになれるという意味では、これも悪いものではないでしょう。ただ、１つ頭にとめておかなければならないことがあります。

それは彼らの**成功事例は、あくまで「サンプルの1つ」**でしかないことです。だから、もしそれと**まったく同じやり方をしても、やる人の資質や運によってはうまくいかない可能性が十分にある**のです。実際、この手の本には、努力すれば誰でも達成できるんだというふうに見せたいあまりに、成功を手助けした偶然の要因や、それを実践したことで生じたマイナス面はあえて書かれていなかったりします。だからこのような話に触れるときは、受け手はこのことに留意しなくてはいけません。

努力することに対するネガティブなことをずいぶん書いてしまいましたが、わたしがここでいいたいのは、こういうことです。

なんでもガムシャラに努力をすればいいわけではない。**せっかく努力を費やすのであれば、それが報われることに費やすのが賢明**だと。そしていざ努力を費やすときは、どんなことを、どんなふうにすればいいかを冷静に見極めて戦略的にやるべきだと思うのです。

それらを踏まえると、ビジネスでもプライベートでも役に立つ**「コミュニケーション能力」は、まさに努力して高めるのに値するもの**だと思います。もちろん、ある程度の遺伝的要素は無視できませんが、これなら語学の習得に近いところがあるので、学習によって後天的に高める余地がたくさんあります。また、コミュニケーション能力を高めることで、人と接するのが楽しくなったり、職場におけるポジションが上がったりと、**目に見える形でリターンを得られやすいので、それなりに楽しみながら努力できる**と思います。

少なくとも、利き手じゃないほうの小指でボタンを連打するタスクよりは、格段に楽しいはずです（笑）。

「努力できないこと」も、1つの才能である

努力できる人は、努力遺伝子のようなものを先天的に持っているという話を少し前にしました。それを踏まえると、逆に努力遺伝子を持っていない人は、もう一生涯、努力することは叶わないのでしょうか？

確かに努力遺伝子を持っていない人は、前述した楽器の練習や語学の習得といったコツコツ努力を積み上げていくようなものは苦手かもしれません。そして、その体質

を変えるのはかなり難しいといわざるを得ません。

しかし、そもそも世の中は、決してなんでもかんでも努力でものごとが改善できるわけではありません。努力がムダ骨となるものごとも少なくないのです。そんな局面でこそ、努力できない人が大いに〝力〟を発揮する可能性もあります。

じつは努力が苦手な人だからこそできる、ある特殊な能力があります。実際に努力が苦手な人の多くは、これを無意識のうちに日常的に活用しているのではないでしょうか。いったいどんな能力でしょう。

たとえば、ある著名人の成功本に、魅力的な成功ノウハウが書かれていたとします。努力遺伝子を備えるAさんは、それを見てすぐに自分の生活に取り入れて実行に移しました。ところがそのノウハウは、じつはある特殊な資質を持っていないと大きな成果を出すのは難しく、決して万人に当てはまるノウハウとはいえませんでした。それを1年も2年も実践し続けたAさんの努力も結局実らず、ムダ骨に終わってしまいました。

一方、努力遺伝子を持っていないBさんも同じ本を読み、同じノウハウに触れます。ところがBさんの場合、前述したように脳の島皮質の機能が高いために、こんなふうに判断します。「成功すればそりゃいいだろうけど、これを続けるのは大変すぎるし、同じようにやって自分も成功できるかは甚《はなは》だ疑問だな」と。こうしてBさんは最初からそのノウハウを実践することはせず、ムダな時間と労力を費やすことを回避できたのです。

いかがでしょう。このように**努力遺伝子を持たない人は、「ムダな努力をしない才能に恵まれている」**といえるのではないでしょうか。

でも、こんなふうに思われる方もいるかもしれません。ただ何もしなかっただけのことを才能と呼ぶのは、言葉遊びがすぎるのではないかと。それに、たとえAさんの努力は実らなかったとしても、きっとその努力はなんらかの形で別の場面で活きるだろうし、それに努力したという行為自体がAさんを成長させたのではないかと。

でも、果たしてそうでしょうか。確かに努力すること自体に、もしかしたら意味はあるかもしれません。しかし、Aさんが多くの時間と労力を割《さ》いたにもかかわらず目的を達成できなかったのは事実です。片やBさんは、その分の時間と労力を、好きなことや楽しいことに費《つい》やせました。費用対効果を考えれば、Bさんのほうがはるかに有意義といえるのではないでしょうか。

さらには、努力できない人は往々にして、こんな才能にも恵まれています。それは**「ものごとを効率的にこなす」才能**です。

たとえば、Cさんはある日、部署の売り上げを毎月集計し、それに基づいて統計やグラフを作成する役目を上司から仰せつかりました。でも、彼は努力遺伝子を備えていません。

そこでやはり島皮質が働いて、こんな感情が生まれてきます。

「これ、自力でやるのは面倒くさすぎるでしょ……。しかも、それを毎月やるなんて、とてもムリ！」と。

とはいえ上司の命令ですから、やらないわけにはいきません。そこで彼はなんとか楽をしようと考えます。その結果、数字を入力するだけで統計やグラフが自動的に作成されるプログラムをつくることを思いつきます。最初にプログラムをつくるのにそれなりの時間はかかりましたが、それが完成したことで、普通の人がやったら2時間はかかるところを、なんと5分でこなせるようになりました。しかもCさんはプログラムのことを上司に黙っていたので、上司は「大変な仕事を任せているから」と、何カ月もほかの仕事の量を減らして優遇し続けてくれました。

あえてわかりやすい例を挙げましたが、これがもし努力遺伝子を持つ人なら、愚直に何時間もかけて毎月やり続けたかもしれません。Cさんの工夫とそれによる恩恵は、まさに努力遺伝子を持たないからこそ生まれたものであるといえるのではないでしょうか。

でも、自分にはそんなプログラミングの知識なんてないし……と悲観することはありません。プログラミングができなくても、ものごとを効率化する工夫はいくらでもありますし、そもそも**努力が苦手な人は無意識にそういった工夫ができている**のではないでしょうか。

たとえば、膨大な数の宛名書きの作業を、会社のアルバイトの人にごはんを1回ごちそうして、彼にこっそりまるっと任せてしまうとか。あるいは仕事のeメール書きが面倒なので、定型文を何種類かつくって下書き保存する。そして多くのメールは定型文をベースに書くようにする。こうしてメールの作成時間が大きく短縮できたとか。また、パソコン上で文字を打つときは、「どうもお世話になっております」や「よろしくお願い申し上げます」などのよく使うフレーズを辞書登録しておき、一瞬で打ち込めるようにしておくとかです。

人によっては、ちょっと〝ズル〟といえるような工夫もされているかもしれませんが、ルールの範囲内で、人に迷惑をかけないものであれば、ズルも効率化の有効な一手だと思います。

ズルといえば小学生のころ、こんな子はいなかったでしょうか。漢字の書き取りの練習で、練習帳を誰よりも早く埋めるために、たとえば「伝」という字なら、まず「イ」をズラッと全マス分書いてしまい、その後は同じように「二」を全マス分、「ム」を全マス分埋める。こうすることで、まじめに「伝」を1つずつ書く子より、はるかに早く練習帳のページを埋められる。漢字の習得という面ではどうかと思いますが(笑)、課題をなるべく早く終わらせるという点ではこれもまさに〝効率化〟なのではないでしょうか。

これらを踏まえると、じつは**「面倒くさい」と思う感情は大切にすべきもの**でもあるのです。「面倒くさい」がムダなことをやり続けないタイマーの役割を果たしてくれて、ときにはより効率のいいやり方を編み出してくれるからです。

そういった〝努力しない努力〟がうまくハマると、ときに普通の人ではとても及ばないすごい才能を生み出します。たとえば、世の「天才プログラマー」と呼ばれるような人です。彼らに話を聞くと、「自力でチマチマ作業するのがイヤだから、なんとかラクをする方法をいつも考えていたらこうなった」というようなことをいいます。また、わたしが知る数学者の方も、「自分の手足を使うのがイヤだから、なんとか頭で処理して済ませようと考えたのが始まりだった」とおっしゃっていました。

このように、世の中には努力ができない人だからこそたどり着ける境地というものが数多くあります。だから決して劣等感を抱く必要はないのです。

確かに努力できる才能に恵まれた人、楽器や語学が堪能だったりスポーツの世界で活躍している人などは、本当に素晴らしいと思います。ただ努力することだけが人間の知能では決してありません。たとえ努力が苦手でも、**努力家には思い至らない工夫や効率的な発想を生み出すことも間違いなく知性**ですし、天才的なパフォーマンスを繰り出すプログラマーや数学者は、まさに知性の塊といえるでしょう。

努力できる人と、努力できない人。どちらが優れているというわけではなく、どちらもそれぞれに優れている面がある。だから努力できないことも、間違いなく1つの

「才能」といえるのです。

努力の苦手な人が、努力をする方法

努力できないことは、1つの才能だと述べました。とはいっても、生きていくには、ときには努力をしなくてはいけない局面もあります。また、努力が苦手な人でも、なかには「これだけはがんばりたい！」と思うものもあるでしょう。そんなときはどうすればいいのか。ここでは努力が苦手な人が、どうすれば努力できるかを紹介していきます。

前述したように、努力ができないのは、脳の島皮質という部分が「そんなこととしてもムダだよ」「それは面倒だからやめようよ」などとブレーキをかけることが主な要因です。そのため努力行動を行う際は、そんな島皮質をうまく「騙す」ことが重要になってきます。具体的にどんな方法があるのでしょう。

1つ目の方法は、**努力することで得られる〝ご褒美《ほうび》〟を島皮質にきちんと認識させて、決してその努力がムダではないと思わせる**ことです。たとえば「毎月、顧客リストのお客さんに手書きのハガキを送り続ければ、成約件数が20パーセントアップするはず」とか、「コミュニケーションスキルのトレーニングをすることで、合コンでたくさんの女子と仲よくなれるし、気になるあのコともつき合えるだろう」と自分に言い聞かせるのです。その際、**できるだけ〝ご褒美〟は具体化し、頭の中できちんと映像化すると、イヤがる島皮質をより黙らせやすくなります。**

また、**練習や作業の〝退屈さ〟や〝辛さ〟も島皮質がイヤがる大きな要因**なので、そういった**苦行感《くぎょうかん》を紛らわせる工夫も大切**になってきます。さらに島皮質は何よりも飽きやすい性質を持っているので、いったん努力を始められたとしても、**飽きないでやり続けられるような工夫も必要**です。

たとえば、コミュニケーションスキルを高めるのなら、本を読んだり退屈なスクールに通うのではなく、きれいなおねえさんのいる店に通って彼女たちと話し、仲よくなることでスキルを高めていくといったやり方です（笑）。ダイエットなら、毎日の体重を記録してモチベーションにする〝レコーディングダイエット〟をさらに発展させて、スマホで毎日自分の姿を同じ撮り方で自撮りし、ルックスが変化していくのを楽しみながらやせるといった方法です。

これは次の項で詳しく書きますが、苦行感を紛らわせるにはゲームのような仕組みをつくって楽しみながら努力したり、まわりの人と競い合ってやるという方法もかなり有効です。

島皮質を黙らせるには、こんな意外なものを活かす方法もあります。ズバリ、**「ネガティブ感情」**です。巷ではポジティブシンキングなるものがもてはやされていますが、じつは**努力の原動力という面では、ネガティブな感情のほうが圧倒的にパワーが強かったり**します。

たとえば、「商品の知識を徹底的に勉強して、あのクソうるさい上司の鼻を明かしてやる！」とか、「成功して〝したり顔〟をしている同期が鬱陶《うっとう》しくてしかたない……。ならばこちらも努力して、ヤツの成績を抜いてギャフンといわせてやる！」といったモチベーションです。ダイエットでも、「絶対にキレイになって、わたしを振ったアイツを見返してやる！」というのが大きなモチベーションになったりしますよね。だから恋がうまくいっているときよりも、意外に失恋の後のほうがダイエットはがんばれたりするものです。

こんなふうに**ネガティブ感情を利用すれば、もともとマイナスだったものを、〝楽しさ〟や〝成果〟といったプラスのものに変えられる**ので、その差し引きの「利ざや」は非常に大きいものとなります。決して無理にネガティブ感情を引き出す必要はありませんが、もし自然に発生してしまったのであれば、せっかく生まれてきた感情ですから（笑）、ぜひ、それを〝バネ〟として利用したいものです。

こんなふうに、努力が苦手な人でも、考え方ややり方を工夫すれば、努力は決して不可能ではありません。とはいえ、もともと努力できない人が勤勉な努力家にガラリと変わるような根本的な変化は、脳の性質上、なかなか難しいのではないでしょうか。

たとえば職場で何か課題が提出されたとします。けっこうな分量がありますが、期限は1カ月あります。これをどう片付けるかは、大きく次の2つのタイプに分けられるでしょう。片や毎日のようにコツコツとやっていくタイプ。片や直前になって一気にやるタイプです。そしてこういったタイプは、変えようと思ってもなかなか変えられるものではないのではないでしょうか。ちょっと子ども時代を振り返ってみてください。あなたは夏休みの宿題を毎日コツコツやっていたでしょうか、それとも新学期の直前に大慌てでやっていたでしょうか。そしてその傾向は、大人になっても基本的に変わっていないのではないでしょうか?!

人はそうやって、自然と自分に合ったやり方を選んでいます。そして、それを根本からはなかなか変えられないものです。**コツコツタイプは、やれといわれても直前で一気にやるのはムリでしょうし、同じように直前でまとめてやるタイプは、毎日ちょっとずつやれといわれてもムリ**でしょう。

だから、もしいまのやり方で何か齟齬《そご》なり不具合が生じているのなら、努力してやり方を根本から変えようとするよりも、その現状にうまく「適応」するほうが手っ取り早かったりします。たとえば会社の課題の例なら、直前でまとめてやる派の人は毎日コツコツやる派を目指すのではなく、まとめてやる派のままでも問題が生じないような最低限の対応はする。たとえば、一気にまとめてやるにしてもクオリティーは必ず保証するとか、もし締め切りを過ぎてしまうことがわかったら、過ぎる前に必ず連絡をする、などです。

もし、そういった対応では軋轢《あつれき》が埋まらないようなら、**思い切って環境を変えるという手もある**でしょう。

努力が苦手な人は、努力ができるように工夫すること以外にも、努力をしなくてもいいような知恵を編み出したり、努力をしなくても問題が生じない程度に配慮をしたり、あるいは環境そのものを変えてしまうという選択肢もある。それを頭に入れておきましょう。

努力を「ゲーム化」すれば無限に続けられる?!

脳の構造によって努力が得意な人と苦手な人がいることは前述の通りですが、じつはどちらのタイプかを問わずに、**努力するための「とっておきのコツ」**もあるんです。コツというより、多大な努力で大きな成果を出した人に共通する〝ある方法〟といったほうが適切かもしれません。いったい、どんな方法なのでしょう。

それは、**努力を「ゲーム化」する**ことです。

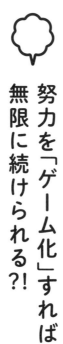

たとえば、あなたはロールプレイングゲームをしているとします。次のレベルに上がるまでに経験値があと○ポイント必要というとき、そのポイント集めを「努力」と思うでしょうか？　まあ、思いませんよね。それと同じように、現実世界の努力もまるでゲームをプレーするような気持ちで取り組めるような設定をつくるのです。

たとえば英会話なら、レベル1「英語の歌詞の歌を1曲、そらで歌えるようにする」、レベル2「TOEICで○○点以上をとる」、レベル3「BSの英語ニュースを聞いて意味が理解できるようになる」などとレベルごとにクリア条件を設定します。これならまるでゲームを解いていくように自然とがんばれるし、そのための努力も「武器を手に入れた（＝参考書を買った）」「新しい呪文を覚えた（＝英単語を覚えた）」などとゲーム感覚でやっていけます。

また、語学や資格試験の勉強では、**「勉強時間を計測する」のも非常に有効**です。よくランニングをする人は走った距離とタイム、平均速度などをスマホアプリで計測していますよね。あれは計測することで「今日は新記録を出してやる」「今月は月間○○キロを突破するぞ！」などと大きなモチベーションになるからです。これと同じように、勉強するときも机に向かっている時間を計測する。そうすることで「今週は〇〇時間の新記録が出た！」「今月はこのままだと先月を下回ってしまうから、今日と明日で盛り返そう」などと、まるでゲームのようにがんばってしまうはずです。最近は勉強時間を計測し、それを表やグラフにしてくれるアプリもあるので、利用してみてはいかがでしょう。

もちろん、前項でも少し触れましたが、ダイエットの際に体重を記録するレコーディングダイエットも、努力を継続するうえでは有効なやり方です。「あと〇〇キロ減らせば××キロ台に突入する！」などとがんばる原動力となってくれるでしょう。

また本をたくさん読みたい人なら、読んだ本を記録するだけで「今月はあと1冊読めば新記録！」などと大きなモチベーションとなるでしょう。

こう挙げてみると、**「記録する」というのは、ゲーム性を高めて楽しく努力するのにとても有効な手段**といえます。何か努力を続けたい場合は、ぜひ、こんなふうに〝レコーディング〟を絡めてみてはいかがでしょう。

また、達成したい目標をSNSなどで多くの人に公言してしまうというのも1つの手です。たとえば「〇月にまでに営業成績が3位以内に、何月までに1位になります。そして、いまから2年後の〇年〇月までに、課長に昇進して見せます」などと宣言する。あるいは「今年中にたばこをやめます。それに向けて吸う本数を来月は1日10本に、再来月は1日5本に減らします」とかです。

これもレコーディングに近いものがあるかもしれませんが、**人に公言することでミッション達成への圧力が増し、ミッションを1つ1つクリアしていく喜びも大きく**してくれます。公言する際は大きなミッション1つをガツンと宣言するよりも、こんなふうに段階的に宣言することで、よりゲーム性が増して楽しく取り組めるのではないでしょうか。

また、**「仲間内で競い合う」というのも非常に有効な方法**です。たとえばゴルフで友達に「オレ、この前、ついに100を切ったぞ。お先に悪いね（笑）」などといわれると、「何を！」と思ってすごく練習したりするのではないでしょうか。逆に自分が相手の先を越したときに、仲間から「マジか、すごいな！」と褒められたら、すごく嬉しいものですよね。

公言することも、仲間と競い合うことも、いうなれば**努力の「ソーシャルゲーム化」**といったところでしょうか。これも何かと応用範囲は広いので、ぜひ取り入れてみてください。

じつはわたしが東大に受かったのも、努力をうまくゲーム化できたからといっても過言ではありません。

普通、東大に合格したと聞くと、「さぞかし血の滲《にじ》むような勉強をしたんでしょうね」と思うかもしれません。でも、わたしは、こう書くとイヤミに聞こえてしまうかもしれませんが、正直、受験勉強はまったく苦しくありませんでした。むしろ勉強に没頭しすぎて、母親に「もういいかげん、勉強はやめなさい！」と止められるくらいでした。子どもが親に「もういいかげん、ゲームはやめなさいよ」といわれるのとまったく同じですよね。

なぜ、そこまで受験勉強に没頭できたのか。まさにゲームみたいで面白かったからです。**大学受験そのものが、全国の高校生で競い合うゲーム**であると感じていました。だから全国模試なんて、まさに〝ゲーム大会〟みたいな感覚でした。わたしはそんなに高い順位ではありませんでしたが、総合順位も科目別順位もバーンと発表されて、自分が何が得意で何が弱点なのかも丁寧に分析してくれる。さらにはその対策を練ってくれる人がいて（＝予備校）、ゲームの攻略本（＝参考書）まで手に入れられる。しかもテレビゲームと違い、ダラダラと24時間やり続けても誰にも叱られない（わたしはついに叱られてしまいましたが……笑)。

だから大学に入った後も、模試で上位だった人を校内で見かけときは、「あ、あの人だ!」という感じでした。まるで伝説のゲーマーを仰ぎ見るような感覚です(笑)。なかには何年か前の伝説の模試ヒーローみたいな人もいて、「あの人、じつはいま、東大で助手をしているらしいよ」などと噂したりして、まあ本当に楽しかったですね。

そして、世のノーベル賞受賞者や世界的な音楽家、スポーツ選手といった人たちこそ、努力をゲームのように楽しんで大きな成果を出した代表だと思います。それもわたしなんかよりさらに〝ゲーム〟に深く、長きにわたって没頭できた人たちなのでしょう。**はたから見たら血の滲むような努力に見えても、本人たちは意外に努力という感じにはとらえていない**のではないでしょうか。本人とお話ししたわけではないのであくまで予想の範疇《はんちゅう》ですが、あれだけ素晴らしい成果を手にしたイチローさんなんかも、きっとそうだったのではないかと思ってしまいます。

そうやって努力を努力と思わないでできる何かに出会えた人は、本当にラッキーだと思います。でも、**どんな人でも工夫次第で、努力の〝努力感〟を薄め、かわりに〝楽しみ〟の度合いを強くすることは可能**なのです。

〝努力中毒〟に陥らないために

いざ、努力行動を行おうとする際に、ぜひ気をつけたいことが1つあります。この章の最後に、そんなお話をしたいと思います。

気をつけるべきこととは、「努力中毒」です。これに陥ってしまうと、努力で目的を達成することより、努力すること自体が目的となってしまいます。そうなると**成果は二の次、三の次となり、努力は苦しければ苦しいほど意味があるといった本末転倒な思考**にどんどん傾いていってしまいます。

では、そんな努力中毒は、いったいなぜ起こるのでしょうか。それはひと言でいってしまえば、「気持ちいいから」です。**努力している状態にあるとき、脳の前頭葉にある内側前頭前野というところが「自分はいま、いいことをしている」と判断し、それによって報酬系が活動し、脳に快感をもたらす**のです。

もし、いま行っている努力がきちんと成果につながるような適切なものであれば、脳が気持ちよくなることになんの問題もありません。努力を続けるための推進力になってくれるからです。でも、その努力がもし、じつはがんばっても成果につながらないような〝見せかけの努力〟だったら……。意味のない努力にもかかわらず快感を求めてやり続けてしまう、まさに「努力中毒」の状態となってしまいます。

そもそも**日本人は、努力中毒に陥りやすい国民**といえます。なぜなら「努力信仰」というものが根強いからです。

昔から自我を抑えてひたむきに苦行を続けることが美徳とされています。まさに滅《めっ》私奉公《しぼうこう》という言葉がそれを表しています。裏を返せば、**苦労をせずとも結果を出せてしまうような人に対する風当たりが強い**。ときには、まるでその人がズルしているかのような風潮が起こることも少なくありません。

なぜ、日本はこのような傾向が強いのでしょう。それは日本が農業国であることと、災害が多いことが要因だと考えられます。いったいどういうことでしょうか。

農業国家では、昔からみんなが協力し合わないと生産性が上がらず、人々は生きのびられませんでした。同じく地震や津波など甚大な災害が起きた後も、みんなが協力し合わないと子どもを育てて子孫を残していくことができませんでした。だから協力的で勤勉な人は生き残りやすく、そうした行動を促進する遺伝子が蓄積されていった。逆にズルをして協調性を乱しそうな人は、こうした社会では排除されやすく、生き残りづらかった。まさに村八分《むらはちぶ》がそれですね。

そうやって**何代も世代を重ねた結果、自我を抑えて協力的で勤勉であると同時に、努力もせずにズルをする者は排除するという思考を脳に持つ個体が多くなった**と考えられるのです。

少し話がややこしくなりましたが、いずれにせよ、そんな**努力中毒に陥りやすい日本人だからこその〝落とし穴〟**がいろいろとあります。たとえば、待遇や職場環境が劣悪な仕事にもかかわらず、体調を崩してまで働き続けてしまうこと。まさに近年よくいわれるブラック企業の問題ですね。

あるいは、意味のない参考書や自己啓発本をたくさん買ってしまう。ところが、本を買ったことや本を読むことまでで満足してしまう。たとえ実践しても、じつはその努力が報われるような内容にはなっていない……。**メディアが「努力さえすれば、なんでもできる」といった風潮を打ち出すのは、こうやって努力中毒を利用してものを売るためでもある**のです。

日本人が努力がいかに好きかというのは、テレビを見ていてもよくわかります。スポーツ選手が大きなケガをして、それを想像を絶する努力によって克服したとか、有名アーティストが大きな不幸に見舞われたけれど、それをたゆまぬ努力と精神力で乗り越えたとか。そういった苦労話が、よくクローズアップされますよね。

確かにエピソードとしては面白いし、その人のことをより深く知ることはできるかもしれません。でも、わたしは違和感を覚えることが少なからずあります。なぜなら、**彼らは何より結果で評価されるべきであって、たとえ苦労をしていなかったとしても素晴らしい結果を出した人は間違いなく素晴らしい**のです。でも、こういった努力信仰、苦労信仰が進むと、「苦しい努力＝善」という図式が成り立ってしまいます。それでは正しい努力、つまりは成果の出る努力に向かいにくくなってしまうと思うのです。

では、そんな**努力中毒を避けるには**どうすればいいのでしょう。それには、ほかの章でもたびたび登場する**「メタ認知＝自分を客観的に見つめること」が大切**になってきます。

自分がいましている努力で、本当に目的が達成されるのか。

その目的は、本当に自分がやりたいことなのか。

まわりに流されてやっているだけではないか。

何かに洗脳されているのではないか。

こんなふうに自問自答してみるのです。

とくに日本人はまわりの空気を読みすぎて、冷静に損得が判断できなくなってしまうきらいがあります。また、心身が疲れているときや、睡眠が足りないとき、空腹のときなども、このような判断力は大きく下がります。だから、それこそブラック企業で身を粉《こ》にして働いているときや、自分に大きな負荷をかけているときなどは注意が必要です。


よかれと思ってやった何年・何十年にもわたる膨大な努力が、じつはムダだった、ただ、人に「搾取《さくしゅ》」されていただけだった……。そんなふうにならないためには、**ときには一歩引いて、なんのために努力しているのかを冷静に問い直してみることも大切**です。

LESSON

7

強運力のしつけ方

この章では、人間の「運」を脳科学的に上げる方法を紹介します。

運の良し悪しを単純化して、コインの裏表で考えてみましょう。コインを投げて表が出たら運がいい、裏が出たら運が悪いとします。どちらも出る確率は50パーセントずつ。人生における運の良し悪しとは、そんなコイン投げの繰り返しともいえるかもしれません。誰にも、運のいいことと悪いことは同じ確率で起こる。

でも、ちょっと待ってください。ということは、人生トータルで見れば、人によって運がいいとか悪いというのはないのではないか……。

いいえ、人生は決してそんな単純なものではありません。たとえコインではそうだとしても、現実の世界では、人による運の良し悪しというのは存在します。

そして、ここがもっとも肝心なところなのですが、**脳科学の考え方を取り入れることで、コインの表＝〝幸運の目〟が出る確率を上げることはできる**とわたしは思っています。

いったい、どんな方法なのか、詳しくご説明していきましょう。

人は必ず「幸運な人」と「不運な人」に分かれる

果たして、運がいい悪いは、人によってどれほどの差があるのでしょうか？

再び運の良し悪しをコイン投げのゲームにたとえて考えてみます。

コインを投げたときの表と裏が出る確率は、完全に2分の1ずつ。そして表が出たときはプラス1、裏が出たときはマイナス1と計算することにします。これで1万回投げてみます。果たして合計点はどうなると思いますか？

多くの人は、やればやるほどゼロに近づいていくと予想するのではないでしょうか。だから1万回も投げたら、プラスとマイナスのどちらかが多くなるにしても、その差はわずかだろうと。合計点の動きを折れ線グラフで表すとしたら、ゼロのラインを何回もまたぐようなグラフをイメージしませんか？

ところが、実際はどうなるかというと、多くの場合は以下の2つのパターンになります。

1つ目は、ずっと合計点はプラスのままで推移し、1万回終えたときにはプラス200~プラス300で終了するパターン。もう1つはその真逆です。ずっと合計点がマイナスのままで推移し、最終的にはマイナス200~マイナス300で終了するパターン。

この1万回投げる実験を何度も繰り返したときの合計点の分布をグラフにしてみると、図版Cのようになります。……いったいなぜ?!

なぜ、こんな結果になるのか、ご説明しましょう。

多くの人は、プラスもマイナスも出る確率が50パーセントずつなのだから、一度プラスが出た後は、マイナスが出やすいだろうと考えます。それがもしプラスが3回、5回、10回と続けて出ていたら、なおさら強くそう思いますよね。

でも、決してサイコロは前の目を覚えているわけではありません。つまり、次の目に調整が加わることは決してないのです。**だから、いくらプラスが続いていたとしても、次はマイナスが出やすくなるということは絶対にない。いかなる状況でも、表と裏が出る確率は50パーセントずつ**なのです。

1万回も投げれば、プラスやマイナスの偏りはどんどん解消されて、限りなくゼロ

図版C コインの表を+1点、裏を-1点にして1万回投げると、どうなる?

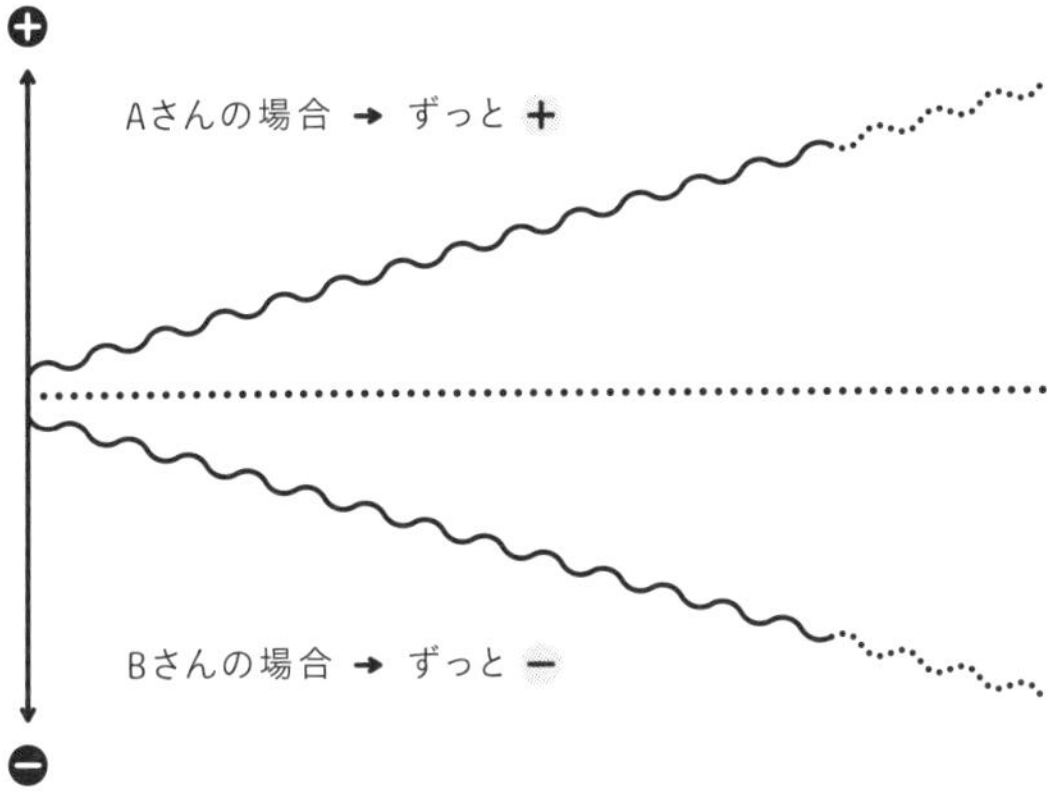

に近づく……。実際に小学校でもそんなふうに習った記憶がありますよね。確率が2分の1ずつのコインを無限に投げたら、表が出た回数と裏が出た回数の割合は、限りなく2分の1に近づきますよ、と。

　でも、それはあくまで投げる回数が「無限大」の場合です。1万回と聞くと無限にも近いように感じますが、あくまで1万回は「有限回」です。

　1万回という有限回の試行回数では、プラスかマイナスのどちらかに偏りが出るほうが自然なのです。どんなに片方の目ばかり出ようが、決して出る目に〝調整〟が加わることはないので、両者の差は意外なほど開いてしまうというわけです。

だから、**人の人生の場合でも、たとえ1回1回の出来事における運の良し悪しは2分の1ずつの確率だとしても、トータルではどちらかに偏りが出てくるのが普通**なのです。コイン投げゲームの合計点の分布図と同じように、プラスとマイナスが均等になる人はほとんどいません。

「人は、運がいい人か悪い人のどちらかに分かれるのが自然」というわけです。

運がいい人と悪い人の差は、どんどん開いていく！

コインの裏表ゲームで考えると、人には運の良し悪しがあるのが普通だということがわかりました。でも、ここでもうちょっと掘り下げて考えなくてはいけません。なぜなら、人の人生はコイン投げゲームよりもずっと複雑だからです。

コインの裏表ゲームの場合は、前の目がプラスだったかマイナスだったかにかかわらず、次の目が出る確率はつねに50パーセントずつでした。ちなみに、このような

「これまでの結果とは無関係に、次に起こる事象の確率が決定される」ことを「**マルコフ過程**」**と呼びます。**

ところが、**人の人生には、じつはこのマルコフ過程が当てはまらないことが多い**のです。なぜかというと、人は一度〝幸運〟の恩恵《おんけい》にあずかって得をすると、その得を次にまた活かせるからです。反対に、一度〝不運〟に見舞われて損をすると、その損が次にも響いてしまう。つまりは一度〝プラス〟が出た人は、次は〝プラス〟が出る確率のほうが高くなる。反対に一度〝マイナス〟が出た人は、次は〝マイナス〟が出る確率のほうが高くなるのです。

これによって何が起こるのか？　そう、**運がいい、悪いの格差が、どんどん拡大する方向に進んでいく**のです！

たとえば、ある人が運よく〝大学受験〟に成功したとします。そうすると、次の〝就職〟というトライアルでも成功しやすくなる。すると就職で成功したことが今度は〝結婚〟という次のトライアルでも有利に働く……。

こうして**一度勝負に勝った人は、その勝ちというリソース**（**＝資源**）**を使って次の勝負に臨むことができるので、次も勝ちやすくなる。**リソースというのは、先ほどの大学受験の例でいえば、いい大学に進んだことによる〝学歴〟や〝充実した環境〟といったものと、自分は受験に成功した成功者なんだといった〝プラスのメンタル〟の両者を含みます。

コインを単純に投げただけでもプラスとマイナスのあいだはけっこうな差が出るのに、ここに人生という要素が加わると、その差はより開きやすくなる。コインゲームなら、どんなに負けが込んでいようが、次の勝負には50パーセントの確率で勝てるのに、現実では負け始めると次の勝負の勝率は50パーセントよりも低くなる。そういう意味では、現実はコインゲームよりもはるかにシビアともいえるのです。

これを踏まえると、運のいい人、悪い人とは、こう言い換えることができます。

運のいい人=勝ち癖がついている人。

運の悪い人=負け癖がついている人。

イヤな言葉ではありますが、よくいう「勝ち組」「負け組」のイメージに近いかもしれません。勝ち癖がついている人=勝ち組は、その後も勝ち続けやすい。ものごとはたいてい予想通りの、あるいは予想以上の結果をもたらしてくれる。この先もずっとそれが続くんじゃないかと漠然と感じられる。

逆に負け癖がついている人＝負け組は、その後も負けが込みやすい。たいていのものごとは、自分が妥当だと思う結果を下回る。そのようなことが続き、自分はもうトータルでプラスになることはないんじゃないかという絶望感に襲われる……。

フランスの経済学者ピケティなどは、こうして生まれた経済格差を是正するために、累進《るいしん》課税制度を強化すべきだと提唱しています。でも、そのあたりのことは立法や行政の領域なので、個人ではなかなかどうすることもできません。

果たして運が悪い＝〝負け癖がついている〟人は、いったいどうすれば負け癖を解消し、運がよくなる＝〝勝ち癖をつける〟ことができるのか？　それが、この「強運力」の章の大きなテーマとなります。以下で順を追って説明していきますね。

コインに重しをつけて表を出やすくさせる方法

どうすれば負け癖を解消し、勝ち癖をつけられるのか。そのアプローチの1つに、「自分を変える」という方法があります。**なんらかの努力をして自分を高めることで、**

本来は50パーセントである1回1回の勝率を少し上げるというわけです。

まさしく、これが「コインに重しをつけて、表を出やすくさせる」といったイメージの取り組みです。もちろんコインゲームだとしたらズルですが、現実の世界ではズルせずに表を出しやすくすることが可能なのです。とくに努力することが好きな人や、何かをコツコツとやっていくのが好きな人にはオススメの方法です。

では、いったい自分の何を高めればいいのか。

それは**「知能」**です。ゲームに勝つための知能、言い方は悪いですが、**人を出し抜くための知性を身につけよう**というわけです。知能とはいったいどんなものでしょう。5章の「アイデア力」のところでも登場してきましたが、ここでいう知能とは、大きく分けて2つの種類があります。

1つは「言語性知能」。これは本を読んだり、誰かから教わったりして積み上がった知識や経験のことです。いわゆる「教養」といっても差し支えありません。また、一度**うまくいった経験を次の問題を解決するのにも役立たせられる「成功体験」の類も言語性知能の1つ**です。

一方、「非言語性知能」のほうは、何か未知の問題に出会ったときに、頭を柔軟にして対応する知能のこと。いわゆる「柔らかい頭」とか「地頭」と呼ばれるものです。こちらは生まれつき能力がほぼ決まってしまっているため、鍛えるのはなかなか難しいといわれています。

そんな2つの知能のうち、まずは鍛えやすく、しかも何歳になっても伸ばすことができる言語性知能を高める方法を見ていきましょう。

これはひとえに本を読んだり、映画を観たり、人と積極的に会って話をしたりと、コツコツと知識や経験を積み重ねることです。でも、そんなささやかかつ地道な努力で、本当に運が上向くのかって？　確かに本を1冊読んだくらいでは、運は変わらないかもしれません。でも、それを続けることで必ず言語性知能は高められます。

考え方を変えれば、**努力がささやかであったり地道であるということは、チャンスでもあります**。なぜなら、そういう〝ちょっとした努力〟を繰り返すだけで、**つまりは習慣をちょっと変えるだけで、結果が出せるということだから**です。たとえば1カ月にいまより本を1冊多く読む。あるいは1カ月に1本多く映画を観る。1カ月に1回多く人と食事に行く。1回1回はささやかな努力でも、これが1年も経てば、成果は形となって表れるでしょう。

言語性知能というと、手前味噌《みそ》で恐縮ですが、わたしにもこんな経験があります。

以前、テレビのクイズ番組に出演したときのことです。その回はたくさんの出演者のなかから運よくわたしが優勝したのですが、ほかの出演者の方々から、ある疑惑がかけられました。

「中野先生、スイッチ運がよすぎじゃないですか?」

答えがわかったときに押すスイッチが、ほかの人と同時に押しているにもかかわらず、なぜかわたしのスイッチばかり点灯すると。もしかしてスイッチの配線を変えたり、スタッフに事前にお願いしているんじゃないかと(笑)。もちろん、そんなズルができるわけがありません。でも、じつは押し方に〝コツ〟があるのです。

この類のスイッチには、大きく分けて2つのタイプがあります。1つ目は、ボタンが押されることで信号が入るタイプ。そしてもう1つが、ボタンが押された後、手を離して元に戻ったときに信号が入るタイプ。

多くの人は、スイッチというと前者のほうを想像します。だから早く押そうと思って力いっぱいボタンを押し切る。一方で、わたしは後者のほうのスイッチなのではないかと考え、〝チョンと押して、すぐ離す〟という押し方をしていたのです。だから、ほかの人と同時に押しているように見えても、わたしのほうがよく点灯したのではないでしょうか。

それにしても、なぜ、わたしがそんなふうにスイッチの仕組みを知っているのでしょう。それは、大学の工学部にいて、スイッチをつくったことがあるからです。つまりはスイッチに関する知識と経験＝言語性知能があったことで、〝スイッチ運〟の勝率を大きく高めることができたのです。

もちろん、これはあくまでわたしの推測ですし、番組のスタッフはスイッチの特性を決して教えてはくれないので真相は定かではありません。それに、もしかしたら、いまではもうスイッチの仕組みを変えられてしまっているかもしれませんしね（笑）。

もう1つの知能である「非言語性知能」のほうはどうでしょう。言語性知能に比べると鍛えるのが難しくはありますが、高める方法がないわけではありません。

非言語性知能を高めるには、脳の「ワーキングメモリ」を広げることが1つの方法だといわれています。ワーキングメモリとは、脳のなかでも一時的に記憶を蓄え、論理の組み立てや演算処理をする場所のことです。このワーキングメモリは、頻繁に使うことで、その機能を少し上げることができると最近では考えられています。

ですから、ワーキングメモリを上げて非言語性知能を高めるには、**日ごろから「ものごとを短期的に記憶すること」を意識的に行う**のがいいかと思います。

たとえば、電話番号を記憶して、かけるときは記憶を頼りに番号を手押しする。あるいはスーパーに買い物に行く前に、買うものを記憶し、記憶だけを手がかりに買い物する。カラオケに行く前に歌いたい歌の歌詞を暗記して、画面を見ないで歌うなど。興味がある方は試してみてください。

運をよくするために ゲーム自体を変えてしまう

さて、ここまでは運をよくするために、自分を変えるという方法を紹介してきました。でも、じつはそれよりもっと劇的に運をよくする方法があるのです。いったいどんなものでしょうか?

それは、**「ゲーム自体を変えてしまう」という方法**です。

いまやっているコインゲームでは負けが込んでしまった。ならば、そんな**負け癖のついたゲームはキッパリやめてしまい、もっと自分が勝ちやすいゲームをすればいい。**そうすれば自然と勝ち癖がつく＝運がよくなるだろうというわけです。

では、ゲームを変えるとは、どんなことでしょう。ざっくりいえば、**それは「勝負する環境を変える」こと**です。

「いまの営業の仕事ではさっぱり調子が上がらないけれど、もしかしたら自分はマーケティングのほうが向いていて、仕事をそちらに変えればグッと調子が上がるのではないか」。

「いまは作家を目指してやっているけど、どうも芽が出ない。もしかしたら自分にはもっと人と触れ合って対話するような仕事のほうが向いていて、成功するならそっちじゃないか」。

変える環境は、仕事とは限りません。

「どうも自分は自己主張が強くて空気も読めないから、いつも人間関係に息苦しさを感じる。毎日いいこともあまりない。もしかしたら、自分のようなタイプは海外に行ってこそ、のびのびと充実した日々を過ごせるのではないか」。

ゲームを変えることとは、こんなふうに**自分がいまいる環境を、より自分に向いていそうで勝ち運が上がりそうなものに変える**ことです。

このように「自分がやりたいこと」に対し、「向いているもの」や「世の中に必要とされているもの」が食い違うのは往々にしてよくあることだと思います。むしろやりたいことと向いていることがピッタリ重なるというほうが断然少ないのではないでしょうか。

本当は華道の先生になりたい。アーティストになりたい。料理人になりたい。みなさんそれぞれにやりたいことはあるでしょうが、自分に向いていて人よりうまくできるのは、やりたいこと以外であるケースが普通なのではないでしょうか。

だから、とりあえず「やりたいこと」は置いといて、**「みんなに必要とされていること」のほうに目を向けてみることが、〝ゲームを変える〟際のカギ**になります。

でも、それでは〝本当の自分〟を置き去りにすることにはならないかって？　確かに本当にやりたいことができないのは、不運なことだとも感じるかもしれません。

でも、ちょっと想像してみてください。やりたいことをやろうと思いつつもうまくいかずに毎日モヤモヤしながら過ごすのと、本当にやりたいことではないかもしれないけど連日成果を上げ、世の中からありがたがられながら過ごす日々。どちらが〝幸運〟な人生でしょうか？

それに、やりたいことを完全にあきらめなくてはいけないわけではありません。なぜなら、**まずは世の中から必要とされていて成果が上げられるほうから入り、そこから徐々に自分のやりたい方向にシフトしていく**こともできるからです。

重要なのは、やりたいことはとりあえず横へ置いておき、自分が一番成果を上げられるものを見極める。そしてそれをやりながら、ときには「待つ」。そんな能力が重要になってくるのではないでしょうか。

「勝てるゲーム」の見つけ方

どうすれば、自分に適切な環境＝自分が勝てるゲームを見つけられるのでしょう。

そんなときこそ、「自分探しの旅」に出ればいいのでは？　いったんあくせくとした日常から離れ、自分とじっくり向き合ってみればいいのでは？　……と思われる方もいるかもしれませんね。

旅をすること自体はいいことだと思いますが、わたしは「自分探しの旅」というのはちょっと違うと思います。

自分探しの旅というと、どうしても〝自分が何をしたいか〟を見つけに行くイメージが強いですよね。でも、**自分に適切な環境を見つけて〝幸運〟に生きていきたいなら、探すべきは何がしたいかではなく、自分がどんなサービスを提供できるか**ではないでしょうか。

また、〝自分が勝てるゲーム〟と考えると、「起業」するのが手っ取り早いと考える人もいるかと思います。確かに多くの成功者は起業をすすめていますし、起業することで、いままで経験できなかったものを経験できるというメリットもあります。

でも、わたしは自分はコレ！　というものや計画性がさしてないまま、やみくもに起業するのには反対です。それでは世のシステムに搾取され、資本金をむしり取られて終わる可能性が大だからです。

決して世の中は悪い人ばかりだといっているわけではありません。多くは〝いい人〟なのだと思います。でも、みんな自分が生きるのに必死です。だから、なんのメリットもないのに救いの手を差し伸べるなんてことは、まず起こりません。

したがって、**勝てるゲームを探すためにまずやるべきは、自分探しの旅でも起業でもなく、自分がどの分野で必要とされているのかを分析すること**なのです。

自分が人より突出しているものは何か。突出していなくても、人より多少は優れていて、世の中に使ってもらえそうなものは何か。いったい、どんなものを世に提供することができるのか。それらをできるだけ客観的に判断することです。もし、そこで自分に突出しているものがあって、その分野をまだ誰も開拓していなかったら、そんなときこそ起業をすればいいのではないでしょうか。

でも、自分のことは、意外と自分ではわからないものです。自分に本当に適性があるものを探せといわれても、これがなかなか難しい……。

そこでカギとなってくるのが、5章の「アイデア力」のところでも出てきた、**自分を客観視すること＝「メタ認知」**です。

これを司るのが、脳の「前頭前野」です。そのなかでもとくに**「DLPFC（背外**

側前頭前野）」という部分が担っています。ここは計画性や合理性、論理性などを司る領域で、いまやりたいことをやっちゃったら、あれが台無しになってしまうから我慢しようといった判断も行います。ちなみに、ここは前の項目で紹介した、**〝ゲームの勝率を上げるための知性〟**としても働きます。

つまり、**DLPFCを鍛えれば、いま戦っているゲームに勝ちやすくなるよう自分を高めることにもつながるし、自分が勝てるゲームを分析して選ぶのにも役立つ**。勝ち癖をつけて幸運を引き寄せるには、このDLPFCが非常に重要になってくるのです。

ちなみにこのDLPFCは、大人にならないとなかなか充実してこない部位でもあります。このDLPFCがある前頭前野、そして海馬の2カ所に関しては、大人になっても「神経新生」が起こることがわかっています。神経新生とは、神経細胞が新しく生まれるということ。つまりは日々の経験やトレーニングによって少しずつ完成していく。裏を返せば**大人になってからでも、何歳からでも成長させることが可能**というわけです。

ただ、いくら神経新生が起きても、それが回路に組み込まれなくては新しく生まれた神経細胞は死んでしまいます。ＤＬＰＦＣを鍛えるには、しょっちゅう使うことで、きちんと回路に組み込んでやることが必要なのです。

「メタ認知」を鍛える〝内観日記〟のススメ

ＤＬＰＦＣを鍛えるには何をすればいいのでしょう。それほど難しく考える必要はありません。大ざっぱにいえば、つねに自分の様子を客観的に見る視点を養うこと。**自分を自分で観察する習慣をつける**のです。これは地道に練習することで、誰でもできるようになります。ただ、慣れないとなかなかうまくいかないものでもあります。

これに慣れるには練習が必要です。そこで**オススメなのが、自分の「内観日記」をつけること**です。**内観日記には、その日に自分の感情が動いたことを記録**します。たとえば「今日は○○さんに××と言われてイラッとした」などです。

そして、それを後で見返してみる。すると、「あっ、自分はこういうことによく腹を立てるんだな。ってことは、逆にこのことをすごく大切にしているってことだな」

とか、「自分はこういうことをされると嬉しいのか」などと、自分の性格傾向を客観的に観察することができます。

また、「これを指摘されたときはかなりイラッとしたけど、いま読み返してみると、指摘された内容はもっともだな……」とか、「けっこう自分も人の役に立っているものだな。とくにこのジャンルでは感謝されることが多いんだな」などなど、そのときは見落としていたことや、普通にしていては気づきにくい自分の得意なものを後々になって見つけることができるのです。

内観日記は、SNSに書くのがお手軽なのでは？　と思うかもしれませんが、SNSだとどうしても人が見ることが前提となってしまうので、「人に見せるための日記」になっていきます。だから内観日記には不向きでしょう。それよりは、パソコンやスマートフォン上で自分しか見ないノート、あるいはメモ帳をつくったり、普通に紙の日記帳に書くのがいいと思います。

じつはわたしも日々思ったことを、自分以外は誰も見ることができない〝裏ブログ〟のようなものに書き込んでいます（笑）。それを、「1年前のわたしはこんなんだったんだなー」などと思いながら見返しています。これはやってみるとなかなか面白いものです。

自分のことを客観的に見るというのは、できそうでなかなかできないものです。これができるようになるにはけっこう地道な努力が必要ですが、実際に世のデキる人、賢い人の多くはこういった努力を重ねています。それだけリターンの大きな取り組みだと思います。

内観日記以外だと、**「自分で自分のことを客観的に見ている人とできるだけ一緒に行動してみる」**という方法もあります。あなたのまわりにも何人か必ずいるのではないでしょうか。「この人はいつも自分のことを外からの視点で観察していて、自分のことがよくわかっているな」。そんな人です。

いざターゲットが見つかったら、その人と会話をしたり、飲みに行ったり、食事をともにしたりして、できるだけ一緒にいる機会を増やします。そして、その人のしゃべり方や振る舞い、考え方を観察するのです。

こうすることで、あなたにも**「自分を客観視できている人」の思考パターンや行動パターンが自然と移ってくる**はずです。5章の「アイデア力」のところでも詳しくお話しましたが、人が**何か新しい思考回路や習慣を取り入れるときは、模倣する＝コ**

ピーすることが早道なのです。

一方で、「自分以外の目から、自分を客観視してもらう」という方法もあります。どういうことでしょうか。

これは、**自分を観察してくれる人を近くに持ち、その人に観察の結果を教えてもらう**ということです。たとえば家族やパートナーなどですね。

ただ、この場合、よほど信頼できる人でないと印象を操作されてしまう可能性があるので、なかなか難しい部分もあります。なぜなら、人はよほど踏み込んだ関係にならないと、相手のネガティブな部分を指摘しようとは思わないからです。とくにあなたと何か利害関係が発生するような相手だったらなおさらです。

だから、自分を観察してくれる人は、本当に信頼できる人、そして仕事とはまったく関係のない人を選ぶのがいいかと思います。

自分を変えるか、ゲームを変えるか

ここまでをまとめると、まず**運が悪いというのは、いま戦っているゲームが自分に合っていなくて、負け癖がついているということ**である。そしてそれを払拭して勝ち癖をつけるためには、**ゲームに勝てるように自分を変えるか、自分が勝てるゲームに変えるか**の2種類があり、それはそれぞれの好みで選べばいい。そんな話をしてきました。ただ、こう書きつつも、**わたしがよりオススメしたいのは、やはり「ゲームを変える」ほう**です。なぜでしょうか。

確かにゲームに勝てるために知能を鍛えれば、必ず一定の効果はあるだろうし、努力をするという行為自体も素晴らしいことだとは思います。でも、もしそれでゲームに勝てる確率が上がったとしても、わたしは正直、自分の適性を活かした本当に楽しい人生というのとは、やはりちょっと違うと思うのです。

たとえば、ここに若者が1人いるとします。彼はとても頭脳明晰《めいせき》で、成績も優秀です。ところが同時に弱点も抱えていました。それはとても臆病かつ慎重であること。悪くいうと「チキンハート」でした。そのせいで、試験の本番にめっぽう弱かった。成績はとてもいいし、模試の結果もS判定だったのに、弱点のおかげで入試本番では軒並《のきな》み失敗してしまい、結局、浪人するハメになってしまいます。

そこから彼は一念発起。弱点を克服する取り組みが始まります。まずはたとえ本番であがってしまったとしても正答できるくらい、学力を大きく上げる。さらにはメンタル面を鍛える塾に通い、弱点そのものの払拭にも努めます。そんな涙ぐましい努力のかいあって、2年間の浪人生活の末に彼は最初の志望校よりも1つ下の大学に滑り込むことができたのでした……。

でも、そんな彼が、もしゲームのほうを変えていたら、いったいどうなっていたでしょうか。

高校時代に自分がチキンハートであることに気づいた彼。チキンであることは、どんなにがんばっても完全には払拭できないと判断。そこで選んだのが、入試を受けずに推薦で入学できる、とある大学です。もとより学校の成績がよく、人柄もいい彼だったので、難なく推薦入学が決定。偏差値や学校のブランドでいえばもっと上はありましたが、現役で、しかも本当にやりたいことができる学校に入れたおかげで、彼は非常に充実した大学生活を送ります。さらに卒業後は、大学時代に打ち込んだことをそのまま仕事にし、いまやその分野では第一人者と呼ばれるまでになったのでした。

とまあ、これはわかりやすく極端にした例ではありますが、やはり自分を変えることとゲームを変えることは、本質的に違うのではないかとわたしは思います。

花にたとえるなら、本来は赤い花が咲く木なのに、わざわざがんばって白い花を咲かせようとしなくてもいいのでは？　確かに赤い花が咲く木に白っぽい花を咲かせる方法もないではないでしょう。でも、どんなにがんばっても、結局は「ピンク」程度で終わってしまうのではないかと思うのです。もちろん、たとえピンク止まりでも、色が変わっていく過程を好む人もいるでしょうし、努力をすること自体に意味があるという考えもあるかと思います。わたしは声高《こわだか》にゲームを変えてくださいと主張するつもりはありません。

ただ、**その場でひたすらがんばるという以外に、ゲームを変えるという選択肢もあるんだよ**、ということをいいたいのです。

わたしもこれまでにけっこうゲームを変えてきました。大学院時代は工学部から医学部に移るという、ちょっと珍しい転部をしました。また、前述の通り、社会人になっても、研究の仕事だけでなくメディアに出る仕事をするようになりました。そんな自分自身を自分では、すごく運がいいほうだと思っています。

とりあえずは入った会社で3年くらい働いてみるのも手

とはいえ、仕事が向いているか向いていないかは、会社に入ってみないとわからないところも多々あります。だから**最初に入る会社では、“自分の適性を教えてもらう”という意識で、まずは3年くらいはがんばってみるのも手**だと思います。そこで一生懸命やってみて、やっぱり自分には違うなと感じたら環境を変えればいいし、意外と面白いじゃん、けっこう自分はこういうことが好きなんだなと思えたら、そのまま続ければいいのではないでしょうか。

3年というと長く感じるかもしれませんが、自分がどんな人間で、社会はどんなところなのかを知ることができると考えたら、わたしは決して長いとは思いません。本来はそういうことを、大学でもうちょっと教えてくれたらいいのにとも思います。

海外では教える側と生徒が日本より密だし、とくにアメリカの大学だとビジネスに関する実務的な勉強を意識的に教えたりします。だから、学生時代から自分の適性や社会の仕組みについてじっくり学ぶことができる。でも、日本の大学では、なかなかそうはいきません。産と学（産業と学問）のあいだの距離がすごく遠いので、むしろ学生は大学に適応してしまうと、ちょっと変な人というか、世間から少しズレた人になってしまったりします。

そもそも学生と密になって教えようという先生がほとんどいませんよね。なぜなら、大学からはそこに対してのお金は支払われない仕組みになっている、要はそこは査定の対象になっていないのです。先生側にしたら、やっただけ損という構造です。だから日本ではその部分の教育は、ちょっと期待できないかもしれません。

というわけで、学生時代に自分にはコレ！　という適性がわからなかったら、まずは社会に出て、社会の仕組みや自分が社会に何を提供できるかを、何年かかけて見極める。そのうえで現状の場所が違うと感じたら、場所を変えることを検討してみてはどうでしょう。

選択肢の1つになるのが、「転職する」ことでしょう。また、会社をやめなくても、部署やポストを変えてもらうよう働きかけるという方法もあります。

そこまでしなくても、ほかにもいろいろ方法はあると思います。たとえば、自分のことを「うまくしゃべることより、人の話を聞くほうに適性がある」と判断すれば、同じ営業や商談をするにしても、なるべく〝聞き役〟に徹してみるとか。

あるいは、これまでは自分で仕事をガンガンこなす「プレーヤー」としてがんばってきたけどイマイチ成果が上がらないので、そういうのはなるべく人に任せて、自分はより適性が高そうな〝マネージャー〟として管理や調整役をこなすとか、です。

厳密にはゲームを変えることとは違うかもしれませんが、**より自分に適した戦い方をする**ことで、ゲームを変えるのと同じような効果が得られる可能性があります。

ちなみにゲームを変えるといえば、**ゲームを仕事とは関係ないものにするという方法も当然ある**かと思います。別の言い方をすれば、**「勝ち負けとは別の世界を持って、そこで生きる」**となるでしょうか。

たとえば仕事はそこそこにしつつ、趣味の世界で全力で生きるという人です。仕事以上に趣味に本気で取り組んでいたら、賞をもらっちゃいましたとか。歌手の前川清さんは、本業とは別のところで錦鯉《にしきごい》を育てられていて、鯉があまりに素晴らしいので内閣総理大臣賞を受賞されたそうです。実際にそういう人はけっこういるものです。

これはこれで非常に楽しい人生ではないでしょうか。このように、**勝ち負けとは関係のない世界で、心から楽しんで生きること。これも〝運がいいこと〟の1つの形**だとわたしは思います。

わたしは、こうやって〝運を変えること〟ができるのが、人間のすごいところだと思います。普通の生物の場合、運が悪いのなら運が悪いままです。運の悪い星の下に生まれてしまったら、自分を変えるのはまず難しいし、決してゲームを変えることもできません。

人間にはDLPFCがあるおかげで、自分をゲームに合わせたり、ゲームを自分に合わせたりすることができる。そこが人間の特殊なところであり、おそらく多くの人がそれを「運をつかむ」とか「運が開く」などと表現しているのではないでしょうか。

〝ツイてない時期〟を乗り越える方法

「なんだか近ごろツイてない……」

生きていれば、そんな時期もありますよね。やることなすことうまくいかなかったり、不運や不幸が立て続けに起こったり。そんなときどうすればいいでしょうか。

それこそ、ゲームを変えればいいのでは？ 確かに前述した通り、それも選択肢の1つではあります。でも、たとえゲームを変えたとしても、また次のゲームでも「ツイてないな」となるかもしれません。ゲームを変える以外に、なんとかする方法はないのでしょうか？

1つご紹介したいエピソードがあります。それは、あの有名なファンタジー小説「ハリーポッター・シリーズ」を書いたJ・K・ローリングス氏のお話です。

彼女は幼いころから物語を書くことが大好きでした。ところが不運なことに、なかなか小説の執筆に集中できる環境に恵まれませんでした。結婚して子どもをつくりますが、夫との不和で離婚。子どもを抱えて一文無しで地元に戻った彼女は、とたんに生活苦に陥り、うつ病まで発症してしまいます。

ところが、彼女は小説を書くことを決してあきらめませんでした。そしてその後うつ病を完治させ、貧しいシングルマザーとして生活保護を受けながら、ついに大作『ハリー・ポッターと賢者の石』の完成にこぎ着けます。しかし書き上がった原稿を出版社に持ち込んだところ、「新人作家の子ども向け小説にしてはあまりに長すぎる」などの理由で立て続けに断られてしまいます。その数、なんと12社！

それでもあきらめなかった彼女は、ついに13社目で出版契約を結ぶことに成功します。するとどうでしょう。本は売れに売れ、世界的なベストセラーに。その後もシリーズ作を次々と出版し、さらにはその多くが映画化。数年前まで生活保護を受けていた1人のシングルマザーは、ついにイギリスでも有数のお金持ちとなり、再婚も果たしたのでした……。

もちろん、彼女がこれほどまでに成功できたのは、彼女に才能があったというのが大きな要因です。とはいえ、たとえ才能があっても、もし途中で道を降りてしまっていたら、小説家の夢は絶対に実現しませんでした。

このように**人生で大きな幸運を手に入れた人たちは、自分がコレ！と決めたゲームに関しては、そうやすやすと途中でゲームを降りない**、という側面もあります。たとえ逆風の嵐が吹いても、自分の「適性」や「才能」を信じてグッとこらえたり、やり過ごしたりすることで、いつしか嵐はやんでいる。そしてあるとき、1つのきっかけにより大きな幸運が舞い込んでくる。

とはいっても逆風に耐えるのはそう簡単なことではありません。たとえ自分が信じる道であっても、イヤなことが立て続けに起こったら、「もうムリ……」と思ってしまうのが普通ではないでしょうか。投資やギャンブルでも、負けが続いたことで冷静な判断を失ってしまい、一発逆転を狙って結局すべてを失うというのが、大負けする人の典型的なパターンですよね。

迫り来る逆風を乗り越えるには、いったいどうすればいいのでしょう。

それには1つコツがあります。それは**「不運を長期的な視点で見ること」**です。どういうことか、ご説明しましょう。

この章のはじめのほうで、人の運の良し悪しをコイン投げゲームにたとえました。表と裏の出る確率が等しく2分の1のコインを投げて表が出たらプラス1、裏が出たらマイナス1として計1万回投げる。すると合計点は意外にもゼロ近辺に落ち着くことは少なく、多くはプラス200～プラス300、あるいはマイナス200～マイナス300の付近に落ち着く。表と裏が同じ確率のコインでそんなに偏るということは、人間の運の良し悪しも偏りが出るのが自然だと。

でも、これをもうちょっと掘り下げて考えてみましょう。もし合計点がマイナス300だった場合、果たして表は何回出て、裏は何回出たことになるのでしょうか。

表が4850回、裏が5150回です。

いかがでしょう。これを見て、「あれ、意外と差はそんなものなんだ」と思いませんか？　いくらプラスとマイナスのどちらかに偏るといっても、差はその程度なのです。つまり、1万回トータルで見れば、表も裏も結局はだいたい同じくらいの回数が出ると考えて差し支えないのではないでしょうか。

人間の運にも同じことがいえます。確かに運の良し悪しの差は出るけど、人生トータルで見ればツイていることとツイてないことはほぼ同じくらいの回数になる。

だから、たとえツイてないことが続いたとしても、「いまは辛いけど、長い目線で見たら、これがずっと続くことはない。いつかは必ず逆のことが起きる」と考える。

そして**逆風による損失が最小限になるよう努めつつ、いつしか風がやみ、追い風が吹**

いてきたときのための準備をしておく。それがツイてない時期に、大切なゲームを降りてしまわずにじっと粘るための大きなコツではないでしょうか。

ただし、こう書くと前項で述べた「ゲームを変えること」と少し矛盾しているようにも感じます。負けが込んでいるときはゲームを変えるべきだけど、ときにはゲームにしがみつくことも大切。その両者は、どう使い分ければいいのでしょう？

そこはやはり、前項で詳しく述べた**「自分を客観視すること＝メタ認知」が大切になってくる**かと思います。

自分をよく観察し、適性を見極める。その結果、いまやっていることが自分の適性ではなく、それが理由で負けが込んでいるのであれば、ゲームを変えるのも選択肢の1つ。一方で、自分にはコレだ！　と思えるのであれば、自らの適性や才能を信じ、不運をやり過ごす。「後で必ず、同じくらいイイことがあるんだ」と。

本当の幸運をつかむためには、これが大きなカギとなるのではないでしょうか。

LESSON

8

愛情力のしつけ方

この章は「愛情力」についてお話しします。**愛情とは、恋愛における愛情はもちろんですが、加えて人を人として好きになることも含まれています。**

「人を本気で好きになれない」という人は意外に多いのではないでしょうか。また、誰かのことを好きだと思っていても、本当の意味では愛せていない場合もあるのではないでしょうか。でも、それは非常にもったいないし、残念なことかもしれません。

ここがとても重要なのですが、**じつは人間は他者への愛情を深めると、脳にさまざまないい影響がもたらされる**ことが科学的にわかっています。そして**自分以外の人の幸せを心から願ったり、自分以外の人のためになる行動をとることが、ひいては「自分の幸せ」にもつながることが、さまざまな研究で明らかになりつつある**のです。

「自分は人を本当には愛せない」と感じている人でも、脳の仕組みを踏まえてちょっとした工夫をすることで、それを改善することはできます。いったい、愛するという感情は脳のどんなメカニズムによって起こるのか。そして「愛情力」はどうしたら高められ、それがなぜ人を幸せにするのか。じっくりご説明しましょう。

彼氏・彼女ができない人の脳の言い訳

「人を好きになれない」というと、もしかしたら、こんなふうに思う人も多いかもしれません。「自分にはなかなか彼女（彼氏）ができない。それは、なかなか人を好きになれないからだ」と。

確かに人を愛せない人は、パートナーをつくることもままならないでしょう。「パートナーができない人＝人をなかなか愛せない人である」ととらえることもできるかもしれません。

そもそも最近の世の中は、恋愛が後回しになってしまいがちな事情がさまざまあります。たとえば雇用や経済の悪化による経済的事情で恋愛をする気がなかなか起こらないとか。あるいは仕事が忙しくて、恋愛をする時間も気力も残っていないとか。はたまた恋愛なんてしなくてもいいという風潮になっていたりとか……。そんなふうに、恋愛をすることにブレーキがかかりがちな社会状況になっていたりするので、現代の若者は恋愛を思う存分楽しめなくて少し気の毒にも思えます。

とはいいつつも、やはり人間ですから、しかるべき距離に異性がいたら、イイなと思うのが普通です。好きになっちゃうときは好きになっちゃうものなのです。だから普通に生活をしていて「恋愛ができない」というのは、ほかに**恋愛を抑制するようなブレーキが過剰にかかっている**と考えられます。

それが**「脳のブレーキ」**です。

脳のブレーキとは、いったいどんなものでしょう。これを行うのが、これまでにも何度か登場した脳の前頭前皮質にあるＤＬＰＦＣ（背外側前頭前野）です。ここが**〝この人とはつき合わないほうがいいんじゃない？〟という抑制をかける**のです。

たとえば男性なら「いま、このコとつきあったら、結局〝ＡＴＭ〟扱いされる（お金目当てにされる）だけかもな」とか、「このコはちゃんと家庭を守ってくれのかな？」とかです。女性なら「この人、あんまりお金を稼いでくれそうもないな」とか、「もし結婚して子どもができちゃったら、いまの仕事の担当も外れなくちゃいけなくなるな……」とかですね。

こんなふうに、**〝この人、イイかも〟と思いつつも、〝でも、いま恋愛すると損ですよ〟という判断を脳が下してしまう**のです。これは男女に関係なく、どちらにも起こり得ることです。

では、なぜ脳はそんなブレーキをかけるのでしょう。

そもそもわたしたちの多くは、親や学校からそんなふうに理性的かつ合理的に、きちんとものごとを計算して判断するよう教育を受けてきています。そしてそれはそれで正しいのでしょうが、こと生物の生殖活動という面で考えると、ちょっと問題があるのではないかと思ってしまいます。これが行きすぎると、仕事はよくできるけど、あまり子どもには興味がないという人や、わたしはこんな遺伝子を持った人の子どもが産みたいというように、すごく戦略的に子づくりをする人が育ってしまうのではないかと感じます。

ちなみにこのDLPFCは、いわゆる「知能」の高さの指標にもなります。つまり、**知能が高い人ほど、こういったブレーキがかかりやすくなる**ともいえるのです。

実際に、恋愛や結婚を道具のように使う女性もいるのではないかと思います。また、最近では「婚活」とか「婚活女子」という言葉がよく聞かれます。決して婚活自体を否定するつもりはありませんが、なかには婚活を、一生養ってくれる男性を探す「就職活動」ととらえている向きもあるかと思います。

これもまさにＤＬＰＦＣが作動しているからこその戦略といえます。でも、男性としては、相手がそんなふうに思っていることがわかったら、パートナーとして選びたいと思うでしょうか？

そのあたりが、現代の恋愛ができない、パートナーができないという人たちの主な要因なのではないかと思います。

脳の〝恋愛ブレーキ〟を麻痺させる方法

ただし、この**恋愛にブレーキをかけるＤＬＰＦＣの機能は、意図的に鈍らせることもできます**。どんな方法でしょうか。

それは、**酔っ払うこと**です。ちょっと身も蓋もない方法に感じるかもしれませんが、ブレーキを鈍らせるには、これが一番現実的といえます。

たとえば気になる相手と会うときに、いつもより強めのお酒を飲むとか、会う前にちょっとお酒を入れて行くとか。もちろん、まともな判断がまったくできないほど酔っ払ってしまってはダメですが、**アルコールが入ることでふだんかかっているブレーキが外れて、「この人、イイかも！」と恋愛に向かいやすくなる**はずです。

よく、「酔った勢いで告白しちゃった」とか、「酔った勢いで一線を越えてしまった」などというのも、ブレーキが鈍ったことによるところが大きいでしょう。酔ったせいにはしつつも、本音ではそうしたいと思っていた。でも、通常はそれを止めるブレーキがかかっている。その**ブレーキをお酒の力で外してしまう**というメカニズムです。

もちろん、お酒の力で何かことが起こったとしても、そもそも相手が本気ではなく遊びのつもりなら、あまり建設的な関係にはならないかもしれませんが……。

また、お酒以外でこんな〝**荒技**〟もあります。それは**「寝不足」にすること**です。**睡眠不足で心身を疲れさせることで、酔っ払ったときと同じような〝ブレーキを鈍らせる効果〟が得られる**でしょう。

だから、試しに連日仕事で睡眠が不足しがちなときに、気になる人と会ってみるのもいいかもしれません。その日は不思議と、ふだんよりも前へグイグイ進めるかもしれませんよ。もちろん、徹夜明けなどであまりに心身がボロボロだと、始まるものも何も始まらないでしょうが……。

ちなみに恋愛ができないというと、こんなタイプもいるかと思います。人と恋愛に発展することはなかなかないけれども、いざそこまでいくと、いつも大恋愛になる。だからつき合う期間も長い。そんな人です。いうなれば**「熱しにくく冷めにくい」**タイプ。

これと対極にいるのが、人をすぐ好きになって次々とつき合うけれど、いつも短い恋で終わるタイプ。まさに**「熱しやすく冷めやすい」**人です。いわゆる〝ラテン系〟の人にこの手のタイプがかなり多いのではないでしょうか。

同じ人間なのに、なんでここまで恋愛観が変わってくるのでしょう？

これもやはり脳のメカニズムによるところが大きいといえます。大ざっぱにいうと、**人によって必要なドーパミンが変わってくることが大きな要因**です。どういうことでしょう。

人間の脳には、何か刺激が起こると「ドーパミン」という物質が分泌されるようになっています。**ドーパミンは〝快楽物質〟ともいわれる通り、これが脳に分泌されると快感や幸福感が得られます。**人間が何か行動を起こすうえで、大きなモチベーションの1つとなっているといえます。

一方で、脳にはそんな**ドーパミンを受け取る「DRD4」というレセプター**（＝受容体）があります。ちょっと専門的な話になりますが、このDRD4には、根っこの形にバリエーションがあります。そして、その**型によって、前述の〝恋愛観〟のおおよそが決まってくる**のです。

では、どの型がどんな恋愛観なのか。じつはこのDRD4のある一部分の長さが長くなればなるほど、快感を得るのにたくさんのドーパミンを必要とします。要は**長さが長くなるほどスイッチが入りにくい＝たくさんの刺激を求める人**といえるのです。

これを踏まえてみると、快感のスイッチが入りにくいために多くの刺激を必要とする**長いタイプの人は、まさしくラテン系**タイプの人。刺激を求めて次から次へとパートナーを求めていきがちです。ひと目惚れしやすく、浮気もしやすい。すぐに恋に落ちるけれど、恋に落ちているあいだにまた別の恋に落ちたりもする。そして浮気をしないようにと束縛を受けるのをとてもイヤがる。そんなタイプです。

しかし、実際のところ**日本人にはこの長いタイプの人はほとんどいません。人口の1パーセントほど**だといわれています。とはいっても、1億2千万人の1パーセントということは、120万人くらいはいることになります。また、全国からそういった刺激を欲しがるタイプの人が集まってきやすい東京は、その割合はより高いといえるでしょう。

では、残りの人たちについてはどうでしょうか。残りの99パーセントのうち、4割が中くらい、そして残りの6割が短いタイプといわれています。

そう、**日本人の過半数は短いタイプ、つまりは少しの刺激でOKなタイプ**なのです。

短いタイプの人は少しの刺激でも満足を得られるので、どうしても**「パートナーはいないけど、これはこれで幸せだから、とくに問題ないかな」となりがち**です。とくに困ってないから、恋愛はしなくてもいいかなと。だから**日本人の〝恋愛ができない〟には、脳のブレーキがかかっているケースに加えて、あえて「恋愛をしない」というケースも意外と多く含まれている**と考えられるのです。

とはいえ、どちらのケースも、冒頭でお話しした「人を愛せない」こととは根本的に異なります。彼らは人を愛せないのではなく、あくまで恋愛ができない、あるいは恋愛をしないだけだからです。

ところが、世の中には実際に脳そのものが人を愛せないメカニズムになっている人もいます。いうなれば **〝生まれつき人を愛せないタイプ〟** です。これまで述べてきた〝恋愛できないタイプ〟より、こちらのほうがより根が深いかもしれません。いったい、それはどんな脳なのか、次の項で詳しく述べていきます。

生まれつき「人を愛せない人」もいる！

脳のメカニズムにより生まれつき「人を愛せない」人とは、いったいどんなタイプなのでしょうか。

一生涯、パートナーをつくらず、結婚もしない人？

確かに、そういう人もなかにはいるでしょう。でも、パートナーがいるかどうかと、人が愛せるかどうかは、じつは本質的には関係ありません。実際に、パートナーがつねにいるにもかかわらず、相手を本当には愛せないという人もいたりするのです。

人を愛せないとは、いったいどんなメカニズムなのか、ご説明しましょう。

人が**「人を愛する」ときに深く関わってくるのが、脳の脳下垂体で分泌される「アルギニンバソプレッシン」という物質**です（以下、ＡＶＰ）。人間には、このＡＶＰを脳内で受け取る受容体の数が多い人と少ない人がいます。そして結論からいうと、**ＡＶＰ受容体が特別に少ない人が、「人を愛せない人」**なのです。

実際にＡＶＰ受容体が少ないと、ある数値が大きく上がるという統計があります。それは「離婚率」！

ＡＶＰ受容体が少ない男性は離婚する割合が高く、そもそも結婚する割合が低い。要は未婚率が高い。そしてたとえ結婚しても、奥さんが結婚生活に不満を感じる度合いも高いという調査結果が出ています。そんなことから、**ＡＶＰ受容体の少ない変異型の構造のことを、「Divorce Gene＝離婚遺伝子」と呼ぶ**こともあります。

脳の一部の構造が少し変わっているだけで離婚率が高まるとは、なかなかショッキングな結果です。でも、確かに芸能ニュースなどにも「この人は、きっとＡＶＰ受容体が少ないんだろうな」と感じさせる人はよく出てきます。

典型的なのは、結婚して子どもができても子育てには関与せずに不倫を繰り返し、果ては離婚してしまうというような男性です。こういう人は、きっとつき合ったり結婚したりしてもパートナーを本質的には愛せないし、子どもができても子どもを愛せない。かといって、決して不倫相手を愛するわけでもない。要は**「愛着形成」に問題があるタイプ**ということができるでしょう。

そして、これは決して男性だけではなく、じつは女性にもAVP受容体が少ないタイプは存在します。たとえばお腹を痛めて子どもを産んでもあまりかわいく思えず、自分の親に子どもを預けてしまい、そのまま再婚してしまうような女性はこれに当てはまる可能性が高いのではないでしょうか。いろいろな男性と関係を持ってしまう人や、ついつい浮気や不倫をしがちな人も、AVP受容体が少ないことが要因となっているかもしれません。

また、これは男女問わずの話ですが、よくフェイスブックやツイッターをはじめとするSNSで、人をホッコリとさせるような犬、猫、赤ちゃんの投稿が流れてきますよね。多くの人はそれを見て、普通に「かわいいな」と思うか、たとえそう感じなくても「鬱陶《うっとう》しい」とはまず思わないはずです。

でも、ＡＶＰ受容体が少ないタイプの人は、「また犬猫動画かよ！」などと思って、その投稿を非表示にしたり、果ては批判のコメントを残したりします。猫を生き埋めにしたりするような人も、ＡＶＰ受容体が少なくて愛着形成がうまくできない人なのかもしれません。

ただし、芸能ニュースなんかを見ていると、このタイプの男性は意外なほど数々の女性と浮名を流しますよね。なぜ、こういう男性が女性に受け入れられるのでしょうか？

これは4章の「モテ力」のところでも触れましたが、女性はこういう男性を無意識に選んでしまう傾向があるからです。その手の男性と一緒になって子どもをつくれば、子どももその手のタイプとなって遺伝子をバラまいてくれる可能性が高い。要は自分の遺伝子を効率的に広げられる。そういう男性は子育て活動にはあまり関与してくれないだろうけど、そのかわり遺伝子をたくさん残しやすいだろうと無意識的に判断して行動しているのです。

「悪い男」「ダメな男」が女性にモテるのは、一見とても不思議なことに感じますよね。でも、それは女性の脳に組み込まれた〝子孫繁栄戦略〟の一環といえるのです。

「愛せる脳」と「愛せない脳」を証明した動物実験

AVPの受容体が少ないと、愛着形成がうまくできなくなる。それを証明した有名な動物実験があります。アメリカ・エモリー大学のラリー・ヤングらのグループが行ったハタネズミの実験です。

実験の〝被験者〟となるのは、近縁関係にある2種類のハタネズミ。一方は、ほぼすべての個体が、生涯を一組のつがいで過ごす**「プレイリーハタネズミ」**。要は哺乳類では珍しい〝一夫一婦制〟を貫くネズミで、オスは育児にも積極的に関わります。

一夫一婦制が珍しいということ自体が意外に思えるかもしれませんが、じつは**哺乳類で本能的に一夫一婦制をとる種は3パーセントほど**しかいません。

人間がまさに一夫一婦制じゃないかって？　いえ、確かに一夫一婦制が制度化しているケースは多いですが、現実では浮気をしたり再婚をする人も少なくありません。

地域によっては多夫多妻制だったり一夫多妻制、多夫一妻制の場合もあります。

人間はたとえ一夫一婦制をとっていたとしても、それは社会的な規範や規制がそうさせているだけで、決して本能のレベルで一夫一婦制であるわけではない。その点、このプレイリーハタネズミは、**脳の構造自体が一夫一婦制**となっているのです。

一方、2種のハタネズミのもう1種類は、**「アメリカハタネズミ」**というネズミです。こちらは一夫一婦制とはまったく違い、オスは特定のメスとつがうことはせず、単独行動をとります。そしてさすらい続けては、出会ったメスと次々と関係を結ぶ。こちらのオスは、子育てにも関与しません。まるでさすらいのガンマンみたいなライフスタイルです（笑）。

ちなみに前者のプレイリーハタネズミが、どれくらい〝貞操観念〟が強いかを調べてみた実験もあります。その結果は、人間の感覚からするととても〝けなげ〟といえるものでした。

まず、オスとメスを一緒に飼ってつがいを形成させます。ひとたびパートナーと巡り合うと、なんと最初の2日間で50回以上も交尾をするとか！　そして、そんなアツアツなつがいとなった後に、残酷にもメスだけを取り出し、別のメスと入れ替える。

すると……。

人間を含め、脳の構造が一夫一婦制になっていない種なら、こういった状況では新たなカップルが生まれるのが普通です。ところが、プレイリーハタネズミは、新たなメスとつがいを形成することはありませんでした。人間風にいえば、まさに〝貞操を守った〟のです。

とはいえ、これは脳の仕組みがそうなっているためであって、決して歯を食いしばってがまんしているわけではありません。すでに前のメスに愛着形成を起こしているために、新しいメスが来ても〝こと〟を起こそうという気にはならないのです。

さて、ハタネズミの実験の話に戻ります。片や決して浮気をしないプレイリーハタネズミ。片や浮気をするのが当たり前のアメリカハタネズミ。近縁の種なのに、なんでこうも行動パターンが違うのか。研究グループは、この2種間では脳のどこが異なるのかを調べてみました。

その結果、両者ではＡＶＰの受容体の量が大きく異なることがわかりました。そう、**プレイリーハタネズミのほうが、アメリカハタネズミよりも多くのＡＶＰ受容体を備えていた**のです。

そこで研究グループは、こんな興味深い実験を試みました。

浮気性であるアメリカハタネズミのオスのＡＶＰ受容体の量を、もし貞節なプレイリーハタネズミ並みに増やしたらどうなるか？　それを遺伝子操作で実際にやってみてしまったのです。いざ、**アメリカハタネズミのＡＶＰ受容体を、遺伝子操作で強制的に増やしてみた**ところ……。

なんと、みごと一夫一婦制になったのでした！　あの浮気性のアメリカハタネズミのオスは、メスと身を寄せ合う時間が明らかに増し、さらには子どもの世話までするようになったのです。

つまりは、ある個体が**浮気性かどうか、ひいては愛着形成ができるかどうかは、脳の構造によるところが大きいということが、この動物実験で明らかになった**のです。ＡＶＰ受容体の少ない変異型を「離婚遺伝子」と呼んだりするのも、こうした実験が元になっているのです。

それにしても、浮気するかどうかは脳のＡＶＰ受容体の量によって決まり、それが人間にも当てはまるということになると、ちょっといろいろ想像してしまいませんか？　たとえば、浮気性の男性がいても、これを注射すれば浮気性が治せるんじゃないかとか（笑）。実際に将来、もしそういう技術が確立されたら、世の女の人は殺到するのではないでしょうか。「うちの彼氏にぜひ注入してください！」とか。

逆に男性なら、こんな使い方もアリかもしれません。「自分はこれまでさんざん遊んできたけど、ようやく〝この人！〟という女性が見つかりました」ということで、脳にＡＶＰ受容体を注入する。彼はその〝注入証明書〟を彼女に見せつつ、プロポーズ。彼女は大感激。「そこまで私を本気で考えてくれているのね！」。〝ＡＶＰ注入証明書〟を添えてプロポーズするスタイルはすっかり時代のトレンドとなり、いつしか婚約指輪にかわってプロポーズの定番に……。

とまあ、こんな妄想がひとり歩きするほど、ハタネズミの実験結果は興味深いものであるというわけです（笑）。でも、わたしは、そんな未来が本当にやってくるのではないかとも思っています。

人を愛せない人が、人を愛するためのトレーニング

ここまでは、人が愛着形成をうまくできるかどうかは、脳の構造によるところが大きいという話をしてきました。つまり、人を愛せるかどうかの能力は、生まれつき決まってしまっていると。

ということは、人をうまく愛せない人は、この先もずっと愛せないということでしょうか。また、いまはそれなりに人を愛せているけど、今後、より深く愛せるようになりたいという場合もできることはないのでしょうか。つまり、「愛情力」は伸ばすことができないのでしょうか？

結論からお伝えしましょう。決して簡単ではありませんが、**人を愛せない人でも、愛着形成をうまく行えるようにする方法はあります。そして愛情力を伸ばすこともできます。**

では、いったいどんなことをすればいいのでしょう。その際の**大きなポイントとな**

るのが、脳内ホルモンの1つである「オキシトシン」です。

オキシトシンは脳の下垂体後葉という部分から分泌される物質で、愛着形成を促すことから**「愛情ホルモン」**とも呼ばれています。何か愛《いと》おしいものと触れ合うことでオキシトシンが分泌され、「なんか気持ちいいな」「安心だな」「幸せだな」といった感情をもたらす。それこそ**子猫や子犬の画像を見て無性にキュンとなる感じにも近い**かもしれません。そして脳はそうした快感を得ることで、また愛着を形成して快感を得たいと思うようになるのです。

ちなみに**母親が出産したり、赤ちゃんに母乳を与えるときにも、このオキシトシンが大量に分泌される**ことがわかっています。

この**オキシトシンの分泌を意図的に増やすことで、脳に愛着形成を行うことの心地よさを教え込もうというわけ**です。

では、オキシトシンはどんなことをすれば増えるのか。その方法をいくつかご紹介しましょう。

まずはなんといっても、**愛したい相手と同じ空間に長くいること**です。一緒に過ごす機会が多いほどコミュニケーションや絆が強まり、オキシトシンが分泌されます。その際に手を握ったりマッサージをしたりといった**体が触れ合うスキンシップを図ると、オキシトシンはよりたくさん分泌**されます。

また母親だけでなく、**父親も子育て行動をすることでオキシトシンが増加**することがわかっています。さらに男性は、射精をすることでもオキシトシンが分泌されます。ですので、**愛したい相手とセックスをするというのも、愛着を形成するための1つの方法**なのです。

何かに触れるということでいえば、**犬や猫などの動物を優しくなでる行為もオキシトシンの血中濃度を高めます**。もし身近に動物がいなければ、かわいいぬいぐるみでも代用できます。それを抱いたりなでたりすることで自然といとおしさが増し、オキシトシンの分泌をうながします。それこそ、ゆるキャラなどでもいいかもしれませんね。

先ほど子育て行動をするとオキシトシンが増加するといいましたが、それは**自分の子どもでなくても、愛情を持って誰かを育てることで同様の効果が得られる**ことが、マーモセット（キヌザル）を使った実験でわかっています。ですから、人の場合なら、

部下や後輩などの成長を心から願って愛情のある教育や指導をすることでも、オキシトシンの分泌をうながせます。

また、人に愛着を持ったり共感したりすることでオキシトシンが分泌されるのですから、当然、**人のためを思って「親切にする」こともオキシトシンの分泌を促します。**電車で席を譲るなり、困っている子どもや老人、外国人を助けてあげるなり、機会があれば積極的に人の役に立つ行動をしてみてはどうでしょう。

これらは**「人をちゃんと愛するためのトレーニング」**ともいえます。他者を愛おしいと思えるような状況を意図的につくることで、オキシトシンを分泌させ、脳に癒やしや幸福感を与える。そうして〝報酬〟を得た脳は、よりいっそう他者を愛おしく感じやすくなるという好循環を目指すものです。

でも、そもそも他者を愛せないのだから、このような〝他者を愛おしいと思えるような行動〟をとること自体が難しいという人もいるでしょう。

そんな人に**オススメなのが「エモーションのトレーニング」**です。具体的には、心を動かすような小説や映画、ドラマにたくさん触れることです。そうやって**物語を通**

じて感情を大きく動かす練習をすることで、現実のものごとにも興味や共感、愛着を持てるようにするのです。

そう考えると、最近よく聞かれる「ドラえもんを観て泣く＝ドラ泣き」というのは、オキシトシンを分泌させるには持ってこいかもしれませんね。ここには愛らしいキャラクターと感情を大きく動かす物語という2つの要素が同居しているのですから。個人的にも、こういった物語で一緒に感動して泣いてくれるような男性なんて、すごくイイなと思います。

ちなみに、先ほど愛したい相手と一緒に過ごすことをすすめましたが、一緒に過ごすのはパートナーや家族以外でも効果はあります。**1人でいるよりも、他者と触れ合って共感したり感情を動かすことが、オキシトシンの増加につながる**からです。

元来AVPが少ない人は、人と過ごすのがあまり好きではない場合も多いかもしれませんが、だからこそ〝無理のない範囲〟で、努めて人と食事をしたり飲みに行ったりしてみてはいかがでしょうか。

人を愛することが、あなたを幸せにする！

ここまでは、脳のどんなメカニズムを使って人は愛着形成を行うか。そして人をより愛するにはどうすればいいかというお話をしてきました。そこで、この章の最後に、他者を愛すると、どんないいことがあるのかをお話ししたいと思います。

これからお伝えする、人を愛することで得られる〝恩恵〟の大きさは、みなさんの想像をはるかに上回るものとなるのではないでしょうか。

まずは、人を愛することで脳内に分泌されるホルモン物質、オキシトシンによる効果です。前項でも紹介した、誰かを愛おしく思ったり愛を持ってスキンシップすることでオキシトシンは分泌され、その結果、「幸福感」「癒やし」「安心感」などをもたらしてくれます。そして、このオキシトシンには、そういった心地よい〝感情〟だけでなく、もっと直接的に心身を活性化する働きがあることもわかっているのです。

その1つが、なんと**学習・記憶力の向上**です。子どもに母乳を与えているときの母親の脳内には大量のオキシトシンが分泌されることは前述しましたが、そのときの記銘力《きめいりょく》（記憶力のうち、新しいことを覚える力）の変化を調べた動物実験があります。その結果、**母乳を与え、オキシトシンが活発に分泌されているときの母親は、その記銘力が明らかに向上する**ことがわかりました。

また、別の実験では、妊娠したことがないメスのマウスの脳にオキシトシンを注射し、エサを隠した迷路に入れてみました。するとオキシトシンをより多く注入されたマウスのほうが、エサにたどり着く順路を早く覚えることがわかりました。

一方で、妊娠したことがあるマウスの脳に、今度はオキシトシンを抑制する注射をして同じ迷路に入れてみました。すると、こちらのマウスには記憶力の低下が見られました。

つまり、これらの実験結果から、オキシトシンが分泌されることで、記憶と学習の能力が向上することがわかったのです。

ちなみに、オキシトシンはメスだけでなく、オスが子どもに愛情を注いだときにも分泌されることが実験でわかっています。また、人の場合を考えるなら、前項で触れた通り、子どもに限らず、部下や後輩などに愛情を注いだときにもオキシトシンは分泌されるといえます。

さらに**オキシトシンは「健康」にもいい影響をもたらす**ことがわかっています。

まずは**体の「免疫力」が高まる**ことが挙げられます。つまり、人を愛したり、人の幸せを願うことでオキシトシンが分泌され、それが天然の妙薬となり、自らの病気をも治す力になるというわけです。

加えて**他者に共感し、その人のことを心から思うことでオキシトシンが分泌されるだけでなく、同時に「インターロイキン6」や「コルチゾール」といった体によくない悪玉物質の分泌が抑制される**こともわかっています。

また、他者の幸せを願ったり、会社全体・社会全体の幸せを願ったりという**〝ポジティブな願い〟を抱くと、オキシトシン以外にも「ベータ - エンドルフィン」という快感物質が分泌される**ことがわかっています。

マラソンなどで長時間走り続けることで気分が高揚する「ランナーズ・ハイ」という現象も、このベータ - エンドルフィンが脳内に分泌されることで起こる現象と考えられています。

そして、この**ベータ‐エンドルフィンも、オキシトシンと同様に脳を活性化させる働きがあり、これが分泌されると記憶力が増したり集中力がアップするほか、体の免疫力を高めて、さまざまな病気を予防する**ことがわかっています。

他者のことを思えば思うほど、その人のためになることをしたいと思うものですよね。いわゆる「利他行動」です。そして**人間はこの利他行動をとることでも、大きな幸福感を得られる**ことがわかっています。

たとえば、先ほどランナーズ・ハイという言葉が出ましたが、それと同じような現象で「ヘルパーズ・ハイ」というものがあります。これはたとえば看護師が末期がん患者のために心を込めて尽くすとき、不思議な高揚感と多幸感を感じる現象です。おそらく、その際にはランナーズ・ハイのときと同じくベータ‐エンドルフィンなどの快感物質が分泌されているのでしょう。

そして看護師にかぎらず、誰かのためを思って心から尽くしたときに、このような不思議な気持ちよさを感じることがあります。これこそが利他行動をすることで得られる幸福感や快感です。

利他行動というと、よく〝自己犠牲に徹して〟という意味合いでとらえられがちですが、本当に他者のことを思って行動するのであれば、それは当てはまらないといえるでしょう。なぜなら、本当にその人のためを思ってする利他行動は、前述の通り自分にとっても大きな喜びであり、楽しみだからです。

また、**利他行動をとる際のベースとなるのが、他者の気持ちを共感する力、いわゆる「共感力」**です。たとえば人がケガをしたときに自分も同じように痛みを感じる、あるいは人が困っていることを自分も同じように辛く感じるといった能力です。

この**共感力をもたらす主な要因となるのが、脳の「ミラーニューロン」という神経細胞**です。相手の行動を、まさしく鏡のように我が身にも映し出すことで、同じような感情を得られるようにする細胞です。

このミラーニューロンがあるおかげで、相手の困難を自らの身が切られるような痛みに感じるかわりに、自分が手を差し伸べることで生じた相手の喜びも、まるで我がことのように喜ぶことができるのです。

一方で、「配慮範囲」という言葉もあります。これは自分が配慮することができる、思いを馳せられる人の範囲のことで、自分のごくまわりの人しか思えない人のことを

「配慮範囲が狭い」、逆に関係性においても時代性のおいても自分と離れた距離の人まで思える人を「配慮範囲が広い」などと表現します。当然、**他者への愛情が深い、利他的な人ほど、この配慮範囲は広くなる**でしょう。

ある研究では、こうなふうに結論づけられています。**配慮範囲の狭い利己的な人は**、ある程度までは効率よく成果を上げられるものの、目先のことにとらわれて協力的な人間関係を築けないため、**トータルでは幸福感の薄い、損失が多い人生となる。**

逆に**配慮範囲の広い利他的な思考を持つ人は**、よりよい人間関係を築けるため、自分の周囲に盤石《ばんじゃく》なネットワークをつくることができ、いざというときは周囲の人がこぞって助けてくれる。だから**幸福感の強い充実した人生を送ることができる**、と。

この項で触れてきた、「人を愛することで、どのように幸せになれるのか」をまとめると、以下のようになるでしょう。

人を愛し、思うことで、かえって自分の脳が聡明になり、体も健康になる。また、**誰かのために尽くすことで大きな快感を得られる**し、相手が感じた喜びまでもが自分の喜びのように感じられる。さらにはより多くの人を思うことで、そういった恩恵もいっそう大きくなる。

そして、これは決して想像の域を超えませんが、釈迦《しゃか》やキリストといった宗教史上の聖人は、これをものすごく高次のレベルで実行した人たちなのではないでしょうか。人を深く愛し、我が身を忘れて人に尽くし、人の痛みを我がことのように感じる。そしてそんなふうに思いを馳せる対象を、決して身のまわりの人だけでなく、人類全体、ひいては宇宙全体にまで拡大する。

一見、すべての人々の苦しみを自分のこととして背負うのは並大抵の辛苦《しんく》ではないように思えますが、それは同時にすべての人々の喜びを自らのものとして感じることでもある。彼らの生涯は、わたしたちの想像を絶するほど幸福感に満ちたものであったのではないでしょうか。


少し話が大きくなりすぎてしまいましたが、決して聖人のようなスケールではなくても、**人を愛し、誰かのために行動することで、人は確実に〝幸福度〟を上げることができます。**これまで人を愛することが苦手だった人でも、まずは身のまわりのところから始めてみてはいかがでしょうか。

著者紹介

中野　信子
1975年生まれ。東京都出身。脳科学者、医学博士。横浜市立大学客員准教授、東日本国際大学客員教授。東京大学工学部卒業後、同大学院医学系研究科医科学専攻修士課程修了（2004年）、同大学院医学系研究科脳神経医学専攻博士課程修了（2008年）。その後、フランスの国立研究所サクレー研究所で研究員として勤務（2008～2010年）。現在、脳や心理学をテーマに研究や執筆の活動を精力的に行っている。著書に『脳科学からみた「祈り」』（潮出版社）、『科学がつきとめた「運のいい人」』（サンマーク出版）、『脳内麻薬』（幻冬舎）、『努力不要論』（フォレスト出版）など。また、「ホンマでっか!?TV」（フジテレビ系）、「ワイド！スクランブル」（テレビ朝日系）、「有吉ゼミ」（日本テレビ系）をはじめ、多数のテレビ番組で活躍中。

あなたの脳《のう》のしつけ方《かた》

2015年11月10日　第1刷
2019年5月5日　第7刷

著　者　中《なか》野《の》信《のぶ》子《こ》
発行者　小澤源太郎

責任編集　株式会社 プライム涌光
電話　編集部　03(3203)2850

発行所　株式会社 青春出版社
東京都新宿区若松町12番1号 〒162-0056
振替番号　00190-7-98602
電話　営業部　03(3207)1916

印　刷　中央精版印刷　製　本　大口製本

万一、落丁、乱丁がありました節は、お取りかえします。
ISBN978-4-413-03977-2 C0030
© Nobuko Nakano 2015 Printed in Japan

本書の内容の一部あるいは全部を無断で複写（コピー）することは著作権法上認められている場合を除き、禁じられています。

たった1人の運命の人に「わたし」を選んでもらう方法
滝沢充子

逆風のときこそ高く飛べる
鈴木秀子

東大合格請負人の
子どもの学力がぐんぐん伸びる「勉強スイッチ」の入れ方
時田啓光

会社の中身がまるごと見える！
「会計力」のツボ
「バランスシート」は数字を見るな！
中村儀一

からだの中の自然とつながる
心地よい暮らし
自分がいちばん落ち着く毎日をつくる法
前田けいこ

青春出版社の四六判シリーズ

なぜ、あの上司は若手の心を開くのか
齋藤直美

親のコートを大切に着るイギリス人
ものを使い継ぐ上質な暮らし
バーネット洋子

頭皮ストレスをなくすと髪がどんどん増えてくる
徳富知厚

「やっていいこと・悪いこと」がわかる子の育て方
いちばん大事なのは「自分で判断する力」
田嶋英子

あなたの脳のしつけ方
中野信子

お願い　ページわりの関係からここでは一部の既刊本しか掲載してありません。
折り込みの出版案内もご参考にご覧ください。